Ormuz

DU MÊME AUTEUR

chez le même éditeur

LA CLÔTURE, 2002, Folio n° 4067, 2004
CHRÉTIENS, 2003, Folio n° 4413, 2006
TERMINAL FRIGO, 2005, Folio n° 4546, 2007
L'HOMME QUI A VU L'OURS, 2006
L'EXPLOSION DE LA DURITE, 2007, Folio n° 4800, 2008
UN CHIEN MORT APRÈS LUI, 2009, Folio n° 5080, 2010
LE RAVISSEMENT DE BRITNEY SPEARS, 2011, Folio n° 5543, 2013

chez d'autres éditeurs

CHEMINS D'EAU, Éditions Maritimes et d'outre-mer, 1980, La
    Petite Vermillon, 2013
JOURNAL DE GAND AUX ALÉOUTIENNES, Jean-Claude Lattès,
    1982, Payot, 1995, La Petite Vermillon, 2010
L'OR DU SCAPHANDRIER, Jean-Claude Lattès, 1983,
    L'Escampette, 2008
LA LIGNE DE FRONT, Quai Voltaire, 1988 (prix Albert-
    Londres), Payot, 1992, La Petite Vermillon, 2010
LA FRONTIÈRE BELGE, Jean-Claude Lattès, 1989, L'Escampette,
    2012
CYRILLE ET MÉTHODE, Gallimard, 1994
JOSÉPHINE, Gallimard, 1994, Points-Seuil, 2010
ZONES, Gallimard, 1995, Folio n° 2913, 1997
L'ORGANISATION, Gallimard, 1996 (prix Médicis), Folio n° 3153,
    1999
C'ÉTAIT JUSTE CINQ HEURES DU SOIR, avec Jean-Christian Bour-
    cart, Le Point du jour, 1998
TRAVERSES, NIL, 1999, Points-Seuil, 2011
CAMPAGNES, Gallimard, 2000, La Petite Vermillon, 2011
DINGOS suivi de CHERBOURG-EST / CHERBOURG-OUEST, Édi-
    tions du Patrimoine, 2002
L'ALBATROS EST UN CHASSEUR SOLITAIRE, Cent Pages, 2011
DINARD, ESSAI D'AUTOBIOGRAPHIE IMMOBILIÈRE, avec Kate
    Barry, La Table Ronde, 2012

Jean Rolin

Ormuz

P.O.L
33, rue Saint-André-des-Arts, Paris 6ᵉ

ISBN : 978-2-8180-1411-0
www.pol-editeur.com

À celui des ours qui parle d'une toute petite voix

Après sa disparition, je me suis introduit dans la chambre de Wax à l'hôtel Atilar afin d'y inventorier ses affaires. C'était assez peu de chose : quelques vêtements légers, dont ceux, mis à sécher sur des cintres, qu'il avait pris soin de laver, la veille de sa tentative, comme il le faisait chaque soir, bien que l'hôtel disposât d'un service de blanchisserie, avec une ponctualité exaspérante à la longue. Une trousse de toilette dont je ne détaillerai pas le contenu, par discrétion, mais dont il me semble important, pour la compréhension de ce qui va suivre, de noter qu'elle renfermait, à côté de ce que l'on s'attend à rencontrer dans un accessoire de ce genre, tout un assortiment de fétiches ou de porte-bonheur, tels que des petits cailloux, des plumes, des perles de verre, ou d'autres menus objets témoignant de la survivance, chez Wax, d'un mode de pensée qui généralement se résorbe à l'âge adulte. Sur un carnet à spirale, des notes éparses, sans queue ni tête, qu'il me destinait afin que je les mette en forme dans ce grand récit de son exploit qu'il me payait pour écrire. Des cartes et des plans par dizaines, reproduisant à des échelles différentes les parages du détroit ou le Golfe dans sa totalité. Un rouleau entamé de bonbons Mentos, une cartouche également entamée de cigarettes Marlboro Light. Et ainsi de suite. Rien de bien intéressant, à l'exception peut-être du livre qu'il était en train de lire, un court roman de Joseph Conrad, *Au bout du rouleau,* dont le titre devait s'accorder parfaitement avec ses propres dispositions lorsqu'il en avait interrompu la lecture. La climatisation fonctionnait, ainsi que le réfrigérateur, à l'intérieur duquel il se trouvait encore deux petites bouteilles d'eau minérale, une boîte de Coca-Cola et une autre d'un soda de fabrication locale, en plus d'un emballage de plastique transparent contenant des grains de grenade dont je savais qu'il lui avait été offert par la réceptionniste de l'hôtel. (Les grains de grenade provenaient d'un jardin que son mari – le mari de la réceptionniste – possédait dans la région de Kerman, et qui, selon son témoignage, produisait également des pêches, des pommes et des noix.) En même temps que je vaquais dans la chambre à mes occupations, désormais, je mangeais de ces grains de grenade en les prenant tout d'abord un par un, dans leur emballage de plastique, puis, bientôt, par poignées, tant ils s'avérèrent succulents, et tout cela sans le moindre scrupule, tel qu'aurait dû m'en inspirer la disparition de leur possesseur légitime, mais non sans une certaine appréhension quant aux conséquences possibles de cette goinfrerie sur mon appareil digestif, dont le fonctionnement, d'une manière générale, laissait à désirer. (Wax souffrait lui aussi d'embarras de ce genre, et c'était une des raisons pour lesquelles, à plusieurs reprises, il avait envisagé le report ou l'abandon pur et simple de sa tentative.)

Et maintenant, si vous le voulez bien, nous allons nous rapprocher de la fenêtre, masquée jusqu'à présent par une double épaisseur de rideaux, à travers lesquels la fournaise du dehors parvient à irradier dans un rayon de plusieurs mètres à l'intérieur de la pièce climatisée. Si je les écarte, ces rideaux, une fois surmonté le choc – chaleur et lumière également implacables – causé par la mise à nu de la fenêtre, je découvre peu à peu, au fur et à mesure que mes yeux s'accoutument à cette lumière, et le reste de mon corps à cette chaleur, une vue assez vaste sur la partie de la ville qui s'étend le long du rivage. Au premier plan, des immeubles moins élevés que celui de l'hôtel Atilar dominent l'intersection de l'avenue Imam-Khomeiny et de la rue 17-Sharivar, animées l'une et l'autre par une circulation incessante dont la densité varie selon les heures de la journée et connaît un pic en début de soirée. Un peu plus loin, sur la gauche, à la limite de ce qu'on peut voir par la fenêtre à moins de se pencher au-dehors, une mosquée inachevée, mais déjà de proportions imposantes, dresse ses deux minarets, hauts et grêles, au-dessus des allées couvertes du bazar. Sur la droite, la jetée de l'embarcadère – embarcadère d'où émanent, ou vers lequel convergent, à intervalles irréguliers, des vedettes assurant le transport des passagers entre Bandar Abbas et les îles de Qeshm ou d'Hormoz –, la jetée se divise en plusieurs branches dont la plus longue s'avance loin en mer. Celle-ci, presque toujours brillant d'un éclat qui fatigue la vue, est couverte de navires au mouillage, désarmés pour la plupart, le nez au vent, parmi lesquels un observateur averti pourrait s'étonner de découvrir deux cargos de marchandises diverses immatriculés respectivement à

La Paz et à Oulan-Bator, deux capitales dont les ressources maritimes ou portuaires sont généralement
ignorées. À l'horizon, quand les conditions météo-
rologiques le permettent, la vue que l'on embrasse
depuis cette chambre de l'hôtel Atilar est bornée
par les reliefs peu élevés et inégalement accidentés
de l'île d'Hormoz, sur la gauche, de l'île de Qeshm
sur la droite, et, au milieu, de la plus lointaine (qui
de ce fait est aussi la plus souvent masquée par la
brume), l'île de Larak : de celle-ci, plus que des
deux autres, on peut dire qu'elle contrôle le détroit
d'Ormuz, de telle sorte que ce dernier aurait pu
tout aussi bien être nommé d'après elle.

Quelques jours auparavant, depuis le bord extrême d'une petite falaise – je dis « petite », mais elle doit bien faire tout de même trois ou quatre mètres de haut –, Wax, pensif, contemple le détroit. Autant dire qu'il contemple une étendue d'eau apparemment sans limite, dont la coloration varie depuis le blanc laiteux, là où la mer se brise, au pied de la falaise, jusqu'au vif-argent là où elle disparaît, à l'horizon, ou se fond, plutôt qu'elle ne disparaît, dans une brume scintillante due à l'évaporation, aux particules de sable en suspension dans l'air ou à Dieu sait quoi d'autre. Entre-temps, elle est passée par différents tons de bleu – dont le turquoise est le plus agréable à l'œil, et celui qu'elle revêt aussitôt dégagée du ressac et de son blanc laiteux –, au fur et à mesure qu'elle prenait de la profondeur, ce qu'elle fait rapidement, car le rivage, sur la côte sud de l'île d'Hengam, est accore. Mais ce qui le frappe surtout, Wax, dans cette étendue d'eau, compte tenu du projet qu'il a formé de la traverser à la nage, c'est son immensité, bien plus que les nuances de sa coloration. Immensité d'autant plus saisissante qu'au moment où il la contemple, depuis le rebord de la falaise, on n'y relève pas le moindre signe d'une quelconque activité, malgré la réputation qu'a ce bras de mer, comme chacun pourra vous le confirmer, de voir transiter environ 30 % de la production mondiale d'hydrocarbures, ou plus précisément de la part de celle-ci qui est acheminée par la voie maritime. Sans doute, en patientant un peu – ce à quoi n'incite guère, il est vrai, la chaleur infernale qui règne ce jour-là, comme presque toute l'année, sur l'île d'Hengam –, Wax finira-t-il par apercevoir un boutre (ou quel que soit le nom que l'on donne à ces embarcations traditionnelles depuis qu'elles sont motorisées, et pour les plus récentes construites en fibre de verre), ou plus sûrement l'une de ces barques non pontées, équipées d'un ou de plusieurs moteurs hors-bord, qu'utilisent aussi bien les pêcheurs que les contrebandiers, et dont la marine des Gardiens de la révolution, quant à elle, a fait l'un des principaux instruments de ses tactiques asymétriques. Bon. Malgré tout, se dit Wax, le spectacle de cette étendue d'eau ne constitue pas une invitation à la gaieté. Et c'est alors que, soudainement – peut-être à cause du monstre qui dans la suite du texte va surgir des flots, et hâter le dénouement de cette histoire –, il lui revient en mémoire un vers de *Phèdre*, « Il suivait tout pensif le chemin de Mycènes », dont il lui semble qu'il l'a bercé dans diverses circonstances de sa vie. Car au moment où nous le surprenons perché sur le rebord de la falaise, Wax n'est plus de la première jeunesse. En fait, ce projet de traverser le détroit d'Ormuz à la nage paraît incompatible avec son âge et sa condition physique, tels que nous pouvons les estimer au jugé. Et c'est pourquoi, au fur et à mesure que l'échéance se rapprochait, il a dû se résoudre, afin de ménager ses chances de succès, à envisager un certain degré de tricherie. Au point que, désormais, il prévoit de ne couvrir par ses propres moyens qu'une partie, si possible assez courte, de la distance à parcourir, et de se faire assister, pour le reste, par des comparses : dans les eaux iraniennes, un marchand d'articles de pêche qui a pignon sur rue à Bandar Abbas, et dans les eaux omanaises un loueur de voitures qui est le seul de son espèce à Khasab. Mais voici que Wax – qui prétend avoir reçu autrefois une formation de nageur de combat, une assertion invérifiable, comme presque tout ce qui concerne son passé –, voici que Wax entreprend de descendre sur la plage, fort étroite, que surplombe la falaise, en s'aidant des aspérités d'une faille creusée par l'érosion sur toute la hauteur de celle-ci. Bien que la roche dont elle est faite paraisse excessivement friable, et donc sujette à s'effondrer, il parvient à s'y glisser adroitement, avec les gestes économes et précis du nageur de combat qu'il n'a sans doute jamais été, puis à prendre pied sur le sable raffermi par la marée, brûlant quand il n'est pas baigné par le ressac, et tout réticulé de traces minuscules. À côté de ces traces – pas d'oiseaux, empreintes de crabes violonistes dont le relief évoque celui d'un pneu de bicyclette –, Wax observe que de nombreuses bouteilles en plastique, parfois même de véritables talus formés par celles-ci, soulignent le tracé de la laisse de haute mer, comme sur la plupart des plages du golfe Persique ou du golfe d'Oman qu'il a fréquentées auparavant. Ce détail le décourage, comme l'ont découragé les boulettes de pétrole qu'à plusieurs reprises il s'est collé dans les pieds lors de ses tentatives antérieures de baignade dans la région. Au demeurant, surmontant

17

sa crainte de marcher à nouveau dans des hydrocarbures, il ôte ses chaussures, puis retrousse son pantalon jusqu'au genou. Ainsi apprêté, il s'avance de quelques pas dans la mer, là où le bouillonnement pourtant modéré du ressac lui imprime cette coloration laiteuse qui un peu plus loin, sur un fond de corail, vire au bleu turquoise. Dans le ressac, observe Wax, la mer est tiède comme un potage. Cette circonstance le rassure, dans la perspective de l'exploit, même partiellement truqué, qu'il va tenter d'accomplir, bien que ses origines armoricaines l'amènent à préférer d'habitude, pour un usage strictement balnéaire, une eau un peu plus fraîche. Et comme son esprit, après avoir contemplé cette étendue sans limites visibles qu'il a le projet de traverser, reste en proie à une certaine confusion, Wax associe cette tiédeur de l'eau à une vieille rengaine de l'histoire diplomatique, la volonté prêtée à la Russie d'« accéder aux mers chaudes », qui depuis la première fois qu'il l'a entendu mentionner évoque toujours pour lui l'image d'un moujik au poil hirsute, son pantalon retroussé comme le sien jusqu'au genou, ôtant ses chaussons de teille pour tremper précautionneusement ses doigts de pied dans l'une de ces mers chaudes auxquelles l'accès lui a été si longtemps refusé.

Depuis la position qu'il occupe, vers la mi-octobre 2012, sur la côte sud de l'île d'Hengam, Wax, s'il s'y était maintenu sans discontinuer au cours des dix derniers mois, aurait pu être témoin des faits suivants, parmi beaucoup d'autres survenus pendant cette période dans le détroit d'Ormuz. Dans la nuit du samedi 11 au dimanche 12 août, à 3 heures du matin, le destroyer *USS Porter*, de la classe Arleigh Burke, entre en collision avec le pétrolier japonais (sous pavillon panaméen) *Otowasan*, de 160 000 tonnes de port en lourd. Le pétrolier aborde le *Porter* sur tribord et juste en avant de la passerelle, découpant dans sa coque, au-dessus de la ligne de flottaison, une gigantesque et cunéiforme ouverture, par où s'échappe, comme les ressorts et la bourre d'un vieux sommier, toute une quincaillerie électronique de haute précision. Comment l'équipe de veille à bord du *Porter*, en état d'alerte renforcée à l'occasion du transit dans le détroit d'Ormuz, et supposée attentive aux moindres mouvements d'embarcations minuscules, telles celles que mettent en œuvre les Gardiens de la révolution, comment cette équipe de veille a-t-elle pu se laisser surprendre par un navire de la taille de l'*Otowasan*, c'est une question sur laquelle le commandant Martin Arriola, relevé de ses fonctions dans les heures suivant la collision, aura tout loisir de méditer. (Il est vrai que cet accident n'est pas sans précédent, même au sein de l'US Navy, puisque un peu plus de trois ans auparavant, dans la nuit du jeudi 19 au vendredi 20 mars 2009 à 1 heure du matin, le sous-marin nucléaire *USS Hartford*, naviguant dans le détroit en immersion périscopique, avait heurté le fond du transport de chalands de débarquement *USS New Orleans*, assez violemment pour occasionner dans la coque de celui-ci une brèche par laquelle se déversèrent 25 000 gallons de fuel, et pour tordre son propre kiosque comme un vulgaire tuyau de poêle.)

Dans la matinée du 16 juillet, à une heure non précisée par les sources que nous avons pu consulter, le pétrolier-ravitailleur *USNS Rappahannock*, dans les eaux côtières de Dubaï, ouvre le feu à la mitrailleuse lourde contre un bateau de pêche indien qui a négligé de répondre à ses sommations, tuant un membre de son équipage et en blessant trois autres. (Afin de ne pas trop charger la barque de l'US Navy, nous nous devons de signaler qu'un an et demi plus tôt, le 31 janvier 2011, dans les parages du détroit d'Ormuz, le croiseur *USS Cape St. George*, de la classe Ticonderoga, avait sauvé de la noyade et recueilli à son bord six pêcheurs iraniens dont le boutre était en train de sombrer.)

À une date indéterminée du mois de février, le pétrolier-ravitailleur *Kharg*, de la marine iranienne, accompagné du destroyer *Shahid Naghdi* (que d'autres sources identifient comme le *Shahid Qandi*), franchissent le détroit pour se diriger vers le canal de Suez, qu'ils passeront le 18 de ce mois, et de là, suppose-t-on, vers Tartous, le port syrien où les Russes disposent d'une base navale, ou au moins de « facilités ». (L'année précédente, déjà, au mois de mars, les Iraniens avaient fait sensation, dans les cercles limités où l'on s'intéresse à ce genre de choses, en déployant deux navires de guerre en Méditerranée pour la première fois depuis la révolution de 1979.)

Le 21 janvier, alors qu'incidemment le porte-avions *USS Abraham Lincoln* se dispose à passer le détroit en compagnie de la frégate britannique *HMS Argyll*, de la frégate française *Lamotte-Picquet*, de deux destroyers de la classe Arleigh Burke (comme le *Porter*) et de ce même croiseur *USS Cape St. George* qui un an auparavant a sauvé de la noyade les six pêcheurs iraniens, dix-sept personnes, pour la plupart des enseignants originaires de Mashad (d'après les informations que nous avons recueillies sur place dix mois plus tard), trouvent la mort dans le naufrage d'une petite embarcation assurant le transport des passagers entre l'île d'Hormoz et le port de Bandar Abbas, comme celles que nous observions tout à l'heure depuis les étages supérieurs de l'hôtel Atilar.

Dans l'intervalle, et plus précisément dans la nuit du 24 au 25 mars, Wax aurait pu se voir lui-même, vêtu comme l'auteur de ces lignes d'une combinaison réglementaire de sécurité, et debout à ses côtés sur l'aileron de passerelle tribord, passer le détroit d'Ormuz, tous feux éteints, à bord de la frégate antiaérienne *Cassard* de la Marine nationale.

Trois semaines plus tard, ayant débarqué entre-temps à Doha, il aurait vu le *Cassard* passer à nouveau le détroit dans les deux sens, sous un ciel couvert et avec une visibilité réduite, d'abord seul, afin de se porter dans le golfe d'Oman au-devant du porte-avions *USS Enterprise*, puis, au retour, en compagnie de celui-ci et de son escorte, composée du croiseur *Vicksburg* et du destroyer *John Paul Jones*.

Peut-être est-ce le moment d'observer que cet ultime déploiement de l'*Enterprise*, âgé de plus de cinquante ans et promis à la démolition dès son retour à Norfolk, va donner lieu sur Internet à un véritable déferlement d'inepties conspirationnistes, dont la thèse principale est que les États-Unis, de concert avec Israël – car aucun complot ne peut se concevoir sans la participation des « sionistes » –, vont mettre en scène le torpillage du porte-avions (faisant ainsi l'économie de son démantèlement – comme la destruction des tours du World Trade Center avait épargné à leurs propriétaires les frais de leur restauration –, et sans égard pour la vie des quelques milliers de marins américains qu'il embarque), imputer traîtreusement cet acte de guerre à l'Iran, et disposer ainsi d'un prétexte solide, susceptible de vaincre les réticences des Nations unies, pour déchaîner leurs foudres contre ce pays. La même argumentation sera reprise un peu plus tard, avec la même véhémence, lorsque les États-Unis déploieront dans le Golfe un autre navire promis à la démolition, l'*USS Ponce*. Et les sites qui invitaient opiniâtrement à « surveiller l'*Enterprise* », à grand renfort de clips techniquement impeccables, accompagnés de musiques anxiogènes, n'exprimeront évidemment aucune contrition le jour où le vieux porte-avions, ayant accompli sa mission dans le Golfe et parachevé sa carrière, rejoindra le port de Norfolk, en novembre 2012, pour y être effectivement démantelé. Il est vrai qu'entre-temps, le quotidien floridien *The Tampa Tribune* daté du 9 juin avait signalé le cas étrange d'un sous-officier – le master chief petty officer Richard J. Kessler, originaire de Gulfport – retrouvé mort sur sa couchette, à bord de l'*Enterprise*, alors que celui-ci croisait au large du Pakistan. Or à qui fera-t-on croire qu'un brave sous-officier natif du Mississippi, dans la force de l'âge, et sans aucun vice connu, ait pu succomber de la sorte sur sa couchette, brusquement, au large du Pakistan par surcroît, si ce n'est parce qu'il en savait trop, et que les instigateurs du complot (manqué) avaient un intérêt vital à le faire taire ? Et c'est ainsi que le chief petty officer Kessler, de ce point de vue, pourrait prétendre au statut de martyr.

À propos de martyr, il y en avait un, comme empaillé, revêtu de son uniforme vert olive de bassidji et dressé de toute sa hauteur dans une cage de verre, visible de partout, dans le hall de cet embarcadère des vedettes, sur l'île de Qeshm, qui en toute logique avait été nommé d'après lui. (La stature de cette figure de cire – au demeurant très ressemblante, comme en témoignait une photographie de son modèle disposée à côté de la vitrine – avait sans doute été légèrement magnifiée par rapport à celle que ce Shahid Zakeri, tombé en 1982 lors de la guerre contre l'Irak, avait présentée de son vivant, et elle était si formidable, en tout état de cause, que je ne pus m'empêcher de la comparer mentalement à celle du grizzli qui occupe une position similaire dans le hall de l'aéroport d'Anchorage, et devant lequel, des années auparavant, j'avais vu Jorge Luis Borges, bien qu'aveugle, manifester de l'incrédulité.) De l'intérieur de sa vitrine – tel le souverain pontife dans la cage en verre blindé de sa Papamobile –, le Shahid dardait sur le public un regard bienveillant, dans lequel on ne parvenait à déceler aucune nostalgie, et encore moins d'amertume, malgré quoi on ne pouvait imaginer sans frémir de devoir passer une nuit en sa seule compagnie, au milieu d'une salle déserte et réfrigérée par une climatisation excessive, si par inadvertance on s'était laissé enfermer dans le hall de l'embarcadère après l'appareillage de la dernière vedette. Venu de Bandar Abbas à bord de l'une d'elles, c'est à cette occasion, alors qu'elle se frayait un chemin parmi les navires au mouillage, et tandis que la lumière rasante du couchant faisait ressortir les rides éléphantesques et les mille nuances d'ocre, auparavant imperceptibles, du mont Kuh-e Genu, qui du haut de ses 2 347 mètres domine dans le lointain la ville et ses abords, c'est à cette occasion que j'avais remarqué les deux cargos de marchandises diverses immatriculés respectivement à La Paz et à Oulan-Bator, sans doute dans une vaine et presque enfantine tentative de contourner le blocus imposé à l'Iran. Sur l'île de Qeshm, en compagnie de mon interprète – qui par hasard se trouvait être aussi le détenteur du record iranien de plongée en apnée –, nous avions pris deux chambres à l'hôtel Darya, tout proche de la gare maritime, et dont la terrasse devait donner sur la mer avant que celle-ci n'ait été repoussée d'une centaine de mètres par le remblai d'un futur boulevard. Ainsi privé de vue, l'hôtel Darya semblait s'être laissé dépérir, et il me fallut en visiter toutes les chambres avant d'en découvrir une qui fût à peu près habitable. Et encore. Au sortir de la douche, dont le pommeau m'était resté dans les mains, je constatai qu'il ne s'y trouvait aucune serviette éponge, et j'hésitai quelque temps à utiliser pour m'essuyer le tapis de prière que j'avais vu plié sous la table de nuit, à côté de l'habituel exemplaire du Coran, me demandant si cet usage indu, s'il venait à s'ébruiter, et bien que le tapis fût certainement moins sacré que le livre lui-même, ne risquait pas d'entraîner des réactions de colère populaire s'étendant de proche en proche à près de la moitié de la planète. En fin de compte, je renonçai à me sécher autrement qu'en me roulant dans les draps du lit. Au pied de celui-ci – ou plutôt de ceux-ci, car la chambre était prévue pour six personnes –, six paires de savates blanches, soit au total douze savates, étaient alignées dans leur emballage de cellophane, et il en émanait une impression funèbre, je ne sais trop pourquoi, car la mort n'est pas la seule circonstance dans laquelle il est convenable de se déchausser. La porte-fenêtre ne fermait pas, d'autre part, et en dépit du soin que j'avais pris de pousser contre elle le meuble le plus lourd de la pièce, le rideau jaune-orange dont elle était tendue palpitait incessamment dans l'obscurité, comme agité par une main invisible. Compte tenu de ce qui précède, on ne s'étonnera pas que j'aie peu dormi cette nuit-là. Le lendemain matin, de bonne heure, j'ai retrouvé Amin, l'apnéiste, à la réception de l'hôtel, et nous avons appelé un taxi pour nous rendre dans le sud de l'île, là où le littoral de Qeshm et celui d'Hengam sont le plus rapprochés. Nous étions alors dans la première quinzaine du mois d'octobre, une semaine environ avant l'arrivée de Wax à Bandar Abbas, où il m'avait dépêché en éclaireur afin d'y prendre des contacts et de repérer, parmi les îles du détroit, celle qui me semblerait la plus propice à son audacieuse tentative. Dans les jours précédents, j'avais déjà visité les îles d'Hormoz – celle-ci à plusieurs reprises – et de Larak – celle-là furtivement –, que j'avais écartées l'une et l'autre pour des raisons sur lesquelles je reviendrai par la suite. Dans l'*Iran Daily* paru la veille de cette première visite à Hengam, le commandant en chef de la marine des Gardiens de la révolution, le contre-amiral Ali Fadavi, se vantait de disposer désormais « de milliers de hors-bord » atteignant la vitesse de 60 km/h, capables pour certains de mettre en œuvre le tout nouveau missile antinavires Zafar – Triomphe –, guidé quant à lui par radar et porteur d'une puissante charge explosive. L'Iran venait aussi de lancer, ou plutôt de remettre à flot, au terme d'un long carénage, l'un de ses trois sous-marins russes de type Kilo, le *Tareq 901*, et quoiqu'il m'en coûte, je dois reconnaître que j'aurais donné beaucoup – bien que Wax, je le précise, ne m'eût jamais chargé d'une mission de ce genre – pour apercevoir ce submersible naviguant en surface, comme il devrait le faire, inévitablement, lorsqu'il sortirait de Bandar Abbas pour gagner la haute mer. Ce matin-là, le brouillard qui stagnait sur le littoral s'est levé alors que nous passions à la hauteur d'un complexe touristique, le Golden Beach, évidemment désert, sur la plage duquel s'est échouée voici quelques années une plate-forme d'exploration pétrolière de dimensions colossales. Un peu plus loin, sans doute par suite du brouillard, deux véhicules s'étaient percutés frontalement et gisaient sur le bas-côté de la route, environnés de badauds, de policiers, de contrebandiers insouciants dont les barques, en pleine vue des précédents, se balançaient à quelque distance du rivage, chargées de marchandises en provenance de la rive opposée, enfin d'un dromadaire qui tel que nous l'avons aperçu semblait plus mort que vif, victime collatérale de cet accident que sa divagation avait peut-être causé. Puis le chauffeur de taxi, qui était originaire du village de Suza, insista pour que nous nous y arrêtions afin de visiter une espèce de zoo. Fait de bric et de broc – quelques biquettes, autant de singes, une famille de lapins, une autruche... –, ce zoo de Suza s'enorgueillissait pourtant de posséder « le plus gros crocodile de tout l'Iran » (il avait été importé d'Australie), et aussi à coup sûr, comme je m'en fis bientôt la réflexion, le représentant de cette espèce le plus proche du détroit d'Ormuz. (Wax, afin d'étoffer le récit de son exploit qu'il me souhaitait voir écrire, m'avait suggéré de répertorier, lors de mes repérages, toutes les créatures et tous les objets, depuis les plus vastes, telles des installations portuaires ou une ligne de métro, jusqu'aux plus restreints, tels une cabine téléphonique ou ce crocodile australien, susceptibles d'être décrits, chacun dans sa catégorie, comme « le plus proche du détroit d'Ormuz ».) Passé Suza, d'où le chauffeur affirmait que par temps clair on pouvait distinguer à l'horizon les montagnes dominant le littoral omanais, la route, sur plusieurs kilomètres, était séparée de la mer par un terrain militaire irrégulièrement ceint de murs, ceux-ci jalonnés de miradors, à l'intérieur desquels on ne distinguait toutefois rien de plus menaçant que des cailloux, de la poussière, quelques arbrisseaux incolores poussant à ras de terre et de vagues structures apparemment délaissées. Et de la poussière, il n'en manquait pas non plus de l'autre côté de la route, vers l'intérieur de l'île, là d'où émanaient les chameaux (les dromadaires), de la poussière ou du sable aggloméré, pétrifié, cuit et recuit, parfois creusé de gorges ou dressé en d'étranges reliefs, les unes et les autres résultant d'une érosion si puissante, et si fantaisiste, que localement, nous dit le chauffeur, il était convenu d'attribuer leur formation à la chute d'un ou de plusieurs corps célestes. À la lisière du village de Shibderaz, c'est sous un fortin, cantonné de deux tourelles rondes, et duquel on devait (les Gardiens ?) nous observer, mais sans rien nous demander, que nous avons laissé le véhicule pour continuer à pied vers le rivage. Il s'y trouvait une station-service, accessible

31

aux automobiles aussi bien qu'aux petites embarcations, un hangar abritant un atelier de mécanique, trois lampadaires entre lesquels circulaient des fils électriques détendus, un monument modeste représentant deux dauphins se faisant face, l'un d'entre eux, le plus joueur, ayant un ballon sur le nez, enfin quelques barques de pêche, à moteur, dont on pouvait louer l'une ou l'autre pour franchir le bras de mer au-delà duquel se voyait distinctement, jaune, surmonté de hautes antennes de télécommunication, le rivage septentrional de l'île d'Hengam.

Le début de cette histoire – l'histoire de la tentative de Wax –, on peut le dater de cette journée de l'hiver dernier, à Paris, lors de laquelle il rencontre dans des lieux différents un colonel et trois amiraux, tous les quatre en activité. Le premier amiral, Wax le rencontre dans le bureau qu'il occupe au musée de la Marine. Il a gelé durement au cours de la nuit précédente, et tandis que Wax, à travers le jardin du Trocadéro, se dirige vers l'entrée de service du musée, il observe parmi les rochers sculptés d'une fausse grotte de longues stalactites de glace, que des enfants mal élevés s'efforcent de détacher de leur support. Wax aimerait leur botter le cul mais il s'en abstient, d'autant qu'il faudrait pour cela enjamber une rambarde et qu'il n'est pas sûr d'y parvenir aisément. Dans le bureau lambrissé de l'amiral, il fait extrêmement froid, et Wax, d'autre part, souffre d'une envie de pisser qui nuit à l'exposition de son projet. Après que l'amiral, en termes convenables, a exprimé son inintérêt pour celui-ci, Wax remarque dans une vitrine un jouet assez grossier, tel qu'on en fabriquait encore dans les années cinquante, et qui représente un sous-marin, le *Nautilus*, ainsi nommé en hommage à Jules Verne, bien sûr, mais aussi par référence au premier submersible à propulsion nucléaire de l'histoire, qui en 1958 était devenu par surcroît le premier navire à atteindre le pôle Nord par en dessous. Sitôt qu'il l'a repéré, Wax perd tout intérêt pour ce qu'il était en train de raconter – un bref rappel des circonstances dans lesquelles il avait été intercepté, des années auparavant, par la marine yéménite, et détenu plusieurs semaines sur l'île de Perim, lors d'une tentative de traversée à la nage du détroit de Bab el-Mandeb –, et toute son attention se concentre désormais sur cet objet, le sous-marin en jouet, dont il se rappelle avoir possédé lui-même un exemplaire, mû par un ressort qui se remontait latéralement à l'aide d'une clef, et comment il avait passé de longues heures, enfant, à le faire naviguer sur le bassin du square Saint-Lambert, à Paris, dans le XVe arrondissement, au risque de le perdre, car si son gouvernail était réglable, ce n'était pas avec une précision telle que l'on fût assuré de voir le sous-marin revenir à son point de départ, et parfois, pour récupérer le jouet tombé en panne au milieu du bassin, il avait dû se déchausser et retrousser les jambes de son pantalon – même s'il est vraisemblable, tout compte fait, qu'à cette époque il portait plutôt des shorts –, comme il le ferait de nouveau, un jour prochain, sur la plage dite « du pied d'éléphant » dans l'île d'Hengam.

Le même jour, en fin d'après-midi, Wax est présenté au colonel al-Abri. Le colonel al-Abri est omanais, et la rencontre se déroule dans le cadre de l'hôtel de la Marine, où le chef d'état-major de celle-ci – le deuxième amiral, sur les trois que nous vous avions promis – donne un cocktail en l'honneur des attachés navals et de défense accrédités à Paris. De ce colonel al-Abri, Wax voudrait obtenir des facilités pour embarquer sur des navires de la marine royale omanaise, s'il s'en trouve, assurant des missions de surveillance dans le détroit d'Ormuz. Dans l'ignorance des sujets de conversation appropriés dans de telles circonstances, il entretient trop longuement le colonel du goût notoire de son monarque, le sultan Qaboos, pour l'art lyrique, tel qu'il vient d'inaugurer à Mascate un opéra gigantesque, à vrai dire surdimensionné si, comme nous le pensons, ce goût n'est partagé que par un très petit nombre de ses sujets. Mais bientôt le colonel al-Abri, lui-même indifférent à l'art lyrique, et peu désireux de se prononcer sur la demande de Wax relative à la marine royale omanaise, lui tend sa carte de visite et disparaît.

Le troisième amiral, Wax est reçu chez lui dans la soirée. C'est un amiral un peu particulier, au moins de son point de vue, dans la mesure où il l'a connu dans son enfance et ne l'a pas revu depuis. Cet amiral ayant dû entre-temps, conjecture Wax, se marier et se reproduire, il est souhaitable de ne pas se présenter chez lui, à l'heure du dîner, les mains vides. Dans les parages de l'avenue Kléber, non loin de ce palais du Trocadéro où Wax avait rendez-vous ce matin même avec le premier amiral, il erre un bon moment à la recherche soit d'une épicerie fine, soit d'une boutique de fleuriste, où il pourrait acheter quelque chose qui soit digne d'une épouse d'amiral, et s'étonne de ne trouver ouverts après 19 heures que des commerces de bas de gamme, dans le genre Leader Price, comme si, à rebours de ce qui se passe un peu partout dans Paris, ce quartier, bien que réputé bourgeois, voire huppé, était en train de se paupériser. En fin de compte, Wax doit se contenter d'un bouquet minable, dont les fleurs aux pétales raidis semblent avoir été trempées dans un bain de teinture, et c'est ainsi, plein d'appréhension, honteux de la médiocrité de ce bouquet, dont il a même envisagé de se séparer, qu'il sonne vers 20 h 30 à la porte de cet amiral, le troisième et dernier de la journée.

S'il faut l'en croire, l'intérêt de Wax pour la guerre navale asymétrique – qui n'est pas étranger à son désir de traverser le détroit d'Ormuz à la nage – remonte à un épisode peu connu, et somme toute mineur, du conflit qui opposa l'Irak à l'Iran dans les années quatre-vingt du siècle dernier. À l'époque – et bien que je le soupçonne, une fois de plus, d'avoir emprunté le passé de quelqu'un d'autre, ou enjolivé le sien dans des proportions impossibles à déterminer –, Wax aurait servi en qualité de radio, ou de maître d'hôtel (cela dépend de son interlocuteur, et de son niveau d'alcoolémie à l'heure où il se lance dans ce récit), à bord d'un cargo battant pavillon français et desservant une ligne régulière dans le golfe Persique. Le 12 juillet

1986, au milieu de la nuit – mais il s'agit d'une nuit brillamment éclairée par la lune, ne manque pas de préciser Wax, quels que soient son interlocuteur et son niveau d'alcoolémie –, ayant appareillé quelques heures auparavant de Koweït City, le bateau est attaqué durant une vingtaine de minutes, au lance-grenades et à la mitrailleuse, par au moins deux petites embarcations armées vraisemblablement par des bassidji, ces miliciens très enclins au martyre, et que le corps des pasdaran – les Gardiens de la révolution – utilise volontiers comme main-d'œuvre. Les dégâts sont importants, mais l'équipage, qui a trouvé refuge dans l'escalier central, est indemne. Wax prétend qu'au plus fort de l'attaque, alors que la porte de la salle de sport, arrachée par l'explosion d'une grenade, venait d'atterrir dans le bureau du commandant, il a rampé, seul, jusqu'à la passerelle, pour faire le point, mais personne n'est obligé de le croire. Afin de vous faire une idée de ce que vous pourriez ressentir, si vous étiez mêlé à un incident de ce genre, le plus simple est de consulter la vidéo de 2 minutes 32 postée sur YouTube par un certain Timsar 81, sous le titre *Footage of Iranian speed-boats attacking in 1985*. L'effet est d'autant plus proche de ce que durent éprouver Wax et ses compagnons qu'il s'agit là aussi d'une attaque nocturne contre un navire de commerce, accompagnée d'une musique martiale absolument terrifiante et ponctuée par les hurlements des bassidji saluant chaque coup au but. Le jour où je l'ai regardée, le 15 janvier 2012, la vidéo avait été vue 29 971 fois et avait recueilli 84 % d'opinions favorables. À la décharge des Iraniens, il convient de préciser que le cargo à bord duquel servait Wax, en qualité de radio ou de maître d'hôtel, avait probablement chargé lors de l'une ou l'autre de ses escales européennes, sous de faux connaissements et à l'insu de son équipage, du matériel destiné à soutenir l'effort de guerre irakien. Trois ans plus tôt, d'autre part, avec le prêt à l'Irak de cinq appareils Super-Étendard, équipés de missiles Exocet et prélevés sur les effectifs de l'Aéronavale (initiative qui avait entraîné aussitôt, de la part de l'Iran, la menace rituelle et jamais appliquée de bloquer en représailles le détroit d'Ormuz), la France avait apporté une contribution décisive à ce que l'on appellerait bientôt la guerre des pétroliers : soit la multiplication des attaques menées par les deux belligérants contre des navires neutres desservant les ports de l'un ou de l'autre. Dans ce contexte, disposant d'une aviation moins performante (et armée par surcroît – entre autres – de vieux missiles français AS 12, datant du Shah, qui avaient tendance à ne pas exploser quand ils faisaient mouche), l'Iran aura souvent recours à des tactiques dites asymétriques – c'est-à-dire, en gros, susceptibles de contourner la supériorité technologique de l'adversaire –, généralement mises en œuvre par la marine des Gardiens de la révolution plutôt que par la marine régulière, telles que les attaques en meute menées par de petites embarcations aussi puissamment armées que l'autorise leur faible tonnage, les tirs depuis la terre de missiles antinavires à partir de batteries mobiles peu repérables, ou encore le mouillage de mines sur des routes maritimes empruntées par les pétroliers. Mais cette dernière tactique, en entraînant une implication accrue de la marine américaine, garante de la liberté du commerce, va se révéler pour l'Iran d'un coût excessivement élevé. Le 14 avril 1988, la frégate *USS Samuel B. Roberts* (de la classe O.H. Perry), qui participe à une mission d'escorte de pétroliers, saute sur une mine, vraisemblablement iranienne, dont l'explosion brise sa quille et provoque l'inondation de la salle des machines. Dans les jours qui suivent, l'US Navy attaque et détruit deux plates-formes pétrolières utilisées par les Gardiens de la révolution – cette opération, baptisée *Praying Mantis* (Mante religieuse), fait elle aussi l'objet de plusieurs vidéos accessibles sur YouTube, dont l'une au moins atteste que les militaires américains partagent avec leurs adversaires l'habitude de pousser des hurlements pour saluer les coups au but –, puis, dans la foulée, coule ou endommage deux frégates (de type Alvand) et un patrouilleur (de type Combattante II), soit environ la moitié de la marine régulière iranienne. Quelles que soient les leçons que vous tiriez quant à vous des événements qui précèdent, les Iraniens, de leur côté, en conclurent que leur marine régulière, ou ce qu'il en restait, n'était pas de taille à affronter celle des États-Unis, et que cette mission, si une telle confrontation devait se reproduire, incomberait désormais à la marine non conventionnelle des Gardiens de la révolution, dont le rôle et les moyens n'ont cessé depuis de se renforcer : en particulier sur le littoral que baigne le détroit d'Ormuz, et sur les îles situées dans les parages de celui-ci.

– Des goélands de Hemprich? Vous en êtes sûr?

– Oui, me confirma Wax, il s'agit bien de goélands de Hemprich. À la rigueur, on pourrait les confondre avec des goélands à iris blanc, mais vous voyez bien que Mascate n'est pas inclus dans l'aire de répartition de ces derniers.

Car c'était une de ses qualités – si c'en est une – que d'être généralement capable (non, toutefois, sans devoir assez régulièrement se reporter à l'un ou l'autre de ces guides d'identification où sont répertoriées toutes les espèces présentes, de manière permanente ou saisonnière, dans telle ou telle partie du monde) de reconnaître par exemple un goéland de Hemprich, ou un phalarope à bec étroit, là où je ne voyais personnellement que des mouettes un peu sombres ou du petit gibier. Toujours est-il que ce goéland de Hemprich, ou l'oiseau que Wax identifiait ainsi, se trouvait comme chez lui dans le port de Mutrah. Et comme c'est une caractéristique de l'esprit humain que de s'emparer avec avidité d'une connaissance nouvelle, si futile soit-elle, et d'y appliquer pour un temps toute son attention, je passai ce matin-là quelques minutes, avec empressement, à reconnaître les immatures (plus uniformément grisâtres) des adultes, parmi ces goélands de Hemprich dont certains voletaient au-dessus des bassins, tandis que d'autres, plus nombreux, restaient posés sur le quai, comme dans l'attente d'un événement important, au moins de leur point de vue.

La veille au soir, nous avions dîné chez l'attaché de Défense auprès de notre ambassade à Mascate, en compagnie de gens qui pour la plupart exerçaient des responsabilités dans de grandes entreprises pétrolières ou de travaux publics, et dont l'un, avec cet air d'en savoir long, mais de tenir sa langue, qui caractérise si souvent les expatriés occupant des positions importantes, nous avait laissé entendre que c'était une entreprise française, et non des moindres, qui avait installé pour le compte des Gardiens de la révolution le réseau de caméras à infrarouge destiné à surveiller nuit et jour le littoral et les abords du détroit d'Ormuz. (Wax, qui estimait ne pouvoir le faire lui-même, par politesse, et qui savait que ma mémoire était aussi défaillante que la sienne, m'avait adressé des signes impérieux pour que je note aussitôt cette information, fût-ce au dos d'un paquet de cigarettes, et au risque de passer, plutôt que lui, pour un hôte indiscret.) Le lendemain matin, lorsque le *Cassard* s'est présenté devant le port de Mutrah, ses superstructures étaient étrangement saupoudrées d'une très fine et tenace poussière ocre, due à la rencontre d'un fort vent de sable au cours des heures précédentes. Un navire de guerre, en temps de paix, constituant un outil de relations publiques de premier ordre, à peine la frégate était-elle à quai – le long de ce terminal-croisières qui un an plus tôt, presque jour pour jour, avait accueilli les deux navires iraniens, la frégate *Alvand* et le pétrolier-ravitailleur *Kharg*, en route vers le canal de Suez et la Méditerranée, dans le cadre de ce premier déploiement depuis la révolution islamique –, à peine la frégate était-elle à quai que l'on y recevait pour déjeuner au carré-commandant tout un choix de diplomates, principalement des nôtres, mais aussi, parmi d'autres, cet ambassadeur du Yémen auquel on me chargea plus ou moins officiellement de tenir la jambe, en évitant bien sûr toute allusion à la situation de son propre pays qui était de nouveau en proie à une guerre civile. Sans doute lui-même ne savait-il pas s'il survivrait, professionnellement tout du moins, à ce nouvel épisode d'un conflit sans fin. Aujourd'hui encore, je me demande de quoi j'ai bien pu l'entretenir, sachant qu'il ne pouvait nous être d'aucun secours dans nos entreprises relatives au détroit d'Ormuz, et que, pas plus que les combats dont Aden était alors le théâtre, je ne pouvais évoquer avec lui l'expérience fâcheuse que Wax avait fait de son pays, lors de sa fameuse tentative de traversée à la nage du détroit de Bab el-Mandeb. Après le déjeuner, on nous a désigné nos cabines, celle que Wax devrait occuper jusqu'à Doha, puisqu'il avait décidé, pour des raisons que j'ignorais alors et dont je ne sais rien de plus aujourd'hui, de débarquer dans cette ville, et celle que je devrais occuper moi-même jusqu'à l'escale un peu plus lointaine de Manama. Wax eut le privilège de se voir attribuer une cabine d'officier dont il était le seul occupant, tandis que je dus partager la mienne avec un prêtre – il serait plus exact de dire que celui-ci dut partager avec moi la cabine qu'il occupait seul auparavant –, lequel, en fin d'après-midi, s'étant revêtu au préalable, à ma grande confusion, des ornements que j'avais vus reposant sur un cintre, me demanda si cela ne me dérangeait pas qu'il dise sa messe. Or, ne m'étant jamais interrogé sérieusement sur la condition sacerdotale, surtout dans un environnement militaire, je ne m'étais pas figuré qu'un prêtre pût, ou dût, dire sa messe chaque jour, même quand il était seul, en l'absence de tout public, et par surcroît dans une cabine si étroite qu'il était extrêmement difficile ne serait-ce que de s'y dévêtir ou de s'y rhabiller. Au demeurant, je tiens à le préciser, pendant toute la durée de mon séjour à bord je devais m'entendre pour le mieux avec ce prêtre, auquel sa qualité d'aumônier des commandos de marine, sinon sa condition religieuse, avait enseigné l'art du silence, ou de la discrétion, et qui lorsqu'il n'était pas en excursion, pendant la durée des escales, ou, à bord, en train de vaquer à ses obligations, passait son temps soit à lire, soit à regarder des films ou à faire des réussites sur l'écran de son ordinateur. C'est également à lui que je dois d'avoir été initié au maniement de la machine à laver située un peu plus loin sur la coursive, dans le local des douches et des toilettes collectives. (Ces dernières, je le note au passage, étant régulièrement à court de papier, pour la raison que dès qu'un rouleau neuf y faisait son apparition, il était aussitôt accaparé, et resserré dans son propre placard, par l'usager assez heureux pour le découvrir en premier : tant est grande chez l'homme, lorsqu'il vit nombreux dans un milieu confiné, disposant de ressources limitées, la crainte de manquer de cet article.)

C'est au cours de cette excursion dans les gorges du Wadi Sweih, à une centaine de kilomètres dans le sud de Mascate, que pour la première fois j'ai vu Wax donner des signes de fatigue. Après un peu plus d'une heure de marche, depuis l'endroit, au pied d'une falaise, où nous avions laissé les deux véhicules à quatre roues motrices, le sentier sur lequel nous progressions passant au-dessus d'une vasque d'eau claire formée par le torrent, bordée de rochers plats sur lesquels des arbustes ménageaient un peu d'ombre, Wax a déclaré qu'en ce qui le concernait cet endroit lui convenait parfaitement et qu'il ne ferait pas un pas de plus. À vrai dire, je n'étais pas loin de partager son point de vue, et je n'ai continué qu'afin de ne pas démériter aux yeux des autres marcheurs – le commandant, le chef-mécanicien, le second, le médecin du bord, le commandant adjoint équipage et le commandant adjoint opérations –, abandonnant à regret en train de barboter dans trente à quarante centimètres d'eau, à plat ventre, l'homme qui ambitionnait de traverser le détroit d'Ormuz à la nage. Au retour de cette randonnée, lors de laquelle nous avions dû atteindre ou côtoyer un sommet quelconque, comme il est d'usage dans ce genre d'excursions, après avoir récupéré Wax toujours en train de barboter, avec une expression de félicité un peu hagarde, nous nous sommes arrêtés de nouveau, pour nager, en un point du littoral situé au sud de Qurayyat, peut-être à la hauteur de Bamah ou de Dibah. Alors que je me disposais à entrer dans l'eau, j'ai remarqué à quelque distance une tortue ballottée par le ressac, ses battoirs agités par le mouvement des vagues, si bien que je l'ai tout d'abord crue vivante, mais les écailles de sa carapace, comme je le constatai en me rapprochant d'elle, soulevées par la putréfaction d'une manière qui ne laissait aucun doute sur son état. Je ne sais trop pourquoi, le spectacle de cette tortue morte et flottant à plat ventre dans une eau peu profonde, avec de vagues mouvements de ses battoirs, m'a évoqué fortuitement celui que Wax nous avait offert auparavant, tandis qu'il barbotait dans sa vasque, et, naturellement, j'ai retiré de cette comparaison une impression plutôt fâcheuse. Puis, après avoir nagé quelque temps, éprouvant une certaine satisfaction d'amour-propre à l'idée que je nageais dans le golfe d'Oman, et peut-être le long du tropique du Cancer, ou légèrement en dessous de celui-ci, je me suis absorbé dans la recherche de galets d'une forme aussi parfaite que possible, dont cette plage, pour quelque raison, présentait une densité incroyable – certains reproduisant exactement les dimensions et l'aspect de ces bonbons Mentos dont je n'étais pas moins friand que Wax –, et, à ma grande surprise, car jusque-là, si je les avais trouvés sympathiques, ce n'était pas au point de leur prêter un caractère aussi enjoué, j'observai que cette mode de ramasser des petits cailloux aux formes régulières se propageait rapidement parmi les officiers les plus jeunes, et sans susciter l'étonnement, encore moins la réprobation, des plus âgés. D'ailleurs le soir même, je devais constater que le commandant, de son côté, s'isolait après dîner sur la passerelle supérieure pour y jouer du cor, une activité que l'on pouvait considérer comme aussi futile, dans ce contexte, ou presque aussi futile, que le ramassage de coquillages ou de petits cailloux.

Si je n'avais pas été amené quelques semaines plus tard à séjourner de nouveau à Mutrah (où la température se serait élevée entre-temps d'une bonne vingtaine de degrés), la dernière image que j'aurais conservée de ce faubourg portuaire aurait été celle du commandant jouant du cor sur la passerelle, tel que je viens de l'évoquer, cependant que le long du même quai où était amarrée la frégate, mais un peu plus loin, de gros boutres motorisés et sans grâce achevaient de charger une cargaison de vieux pneus, et qu'en retrait de cet îlot faiblement éclairé d'activité, enhardi par l'ombre qui gagnait, un couple de chiens errants (que l'on appelle ici des *wadi-dogs*) se faufilait à la recherche de quelque chose de comestible parmi les conteneurs empilés.

Le bateau, avec l'aide des remorqueurs *Sur* et *Al Hafa*, ayant appareillé de Mutrah vers neuf heures, il semble que je dormais, dans la soirée, lorsque nous avons passé le détroit d'Ormuz, ou la partie la plus resserrée de celui-ci. D'ailleurs, m'assura Wax après que je l'eus rejoint à la passerelle, alors que la nuit était tombée depuis une heure ou deux, il n'y avait de toute façon rien à voir, les effets conjugués de la brume et d'un reste de vent de sable ayant limité la visibilité à deux ou trois nautiques pendant toute cette partie de la traversée.

« Juste avant de se coucher, ajouta Wax, le soleil a fait une brève apparition, et j'ai eu le temps d'apercevoir à contre-jour une troupe nombreuse de phalaropes volant au ras de l'eau, ce qui est tout à fait conforme aux indications données par Gerald Tuck dans son ouvrage *Sea-birds on the Ocean Routes*. » Wax me signala d'autre part qu'un peu plus tôt, un matelot avait cru voir sur tribord, pendant 15 à 20 secondes, « un bourrelet d'eau se déplaçant à la même vitesse que le bateau, selon les termes de son rapport, et ne ressemblant pas aux remous engendrés par un cétacé ». Mais bon, d'un autre côté, aucun submersible connu, apparemment, n'aurait pu se maintenir en immersion périscopique à la vitesse de 22 nœuds qui était à ce moment-là celle du *Cassard*, et l'origine de ce bourrelet demeurait par conséquent mystérieuse.

« Avez-vous déjà vu, poursuivit Wax, quelque chose de plus monotone que cette traversée ? J'espère que vous ne vous attendiez pas à ce que le bateau soit assailli par une meute de vedettes Ashura, par exemple... » (La vedette Ashura est l'une de ces petites embarcations qu'utilisent volontiers les Gardiens de la révolution.) Nous étions maintenant sur l'aileron tribord, en compagnie d'un interprète qatari mis à la disposition du bateau par l'US Navy, et dont la tâche principale consistait à écouter, et le cas échéant à traduire, les conversations polyglottes, émaillées de rires, de chansonnettes ou d'imitations de cris d'animaux, qu'échangeaient sur la

VHF des navires occupés à transiter, pour les plus gros, et pour les plus petits à toutes sortes d'activités licites ou illicites. (Quant à ceux qui affectaient de mouiller ou de relever des casiers, alors qu'en réalité ils recueillaient des renseignements pour leurs services respectifs, j'imagine que ceux-là se tenaient cois.) Bien que l'interprète qatari fût américanisé de la tête aux pieds, et d'ailleurs vêtu d'une tenue de camouflage des Marines, il fumait d'abondance, comme Wax et moi, et il disposait d'autre part de jumelles de vision nocturne avec lesquelles il observait les vedettes que même à l'œil nu, la visibilité s'étant améliorée après la tombée de la nuit, on distinguait çà et là, couronnées de feux clignotants, filant au ras de l'eau à vive allure. À deux ou trois reprises, alors qu'il se trouvait dans le dispositif de séparation du trafic, le *Cassard* fut interrogé par des stations côtières ou par des navires iraniens, puis omanais – « Qui êtes-vous? Quelle est votre nationalité? Êtes-vous accompagné? » –, auxquels il ne faisait que des réponses évasives et succinctes, « Nous sommes un navire de la coalition faisant route vers Doha » étant la plus commune. Mais si peu satisfaisants que fussent ces échanges, du point de vue de ceux qui posaient les questions, ils se concluaient invariablement, de part et d'autre, par cette formule de politesse convenue : « Thank you for your cooperation, have a nice watch » (Merci pour votre coopération, faites un bon quart).

Le lendemain matin, m'étant levé bien avant le branle-bas, je suis monté à la passerelle supérieure, protégée du soleil par un taud, et qui dans cette phase finale d'approche de la terre était caparaçonnée de sacs de sable, conformément aux règles de sécurité en vigueur dans le Golfe. Wax s'y trouvait déjà, ridiculement engoncé, pour les mêmes raisons, et comme je devais l'être à mon tour sitôt que j'eus mis le pied sur la passerelle, dans un gilet pare-éclats trop étroit pour lui et qui l'empêchait de respirer. La mer scintillait, bleue, parfaitement lisse. Aussi loin que portait le regard, dans un rayon de 360°, on y voyait des navires de guerre de toutes sortes, que le « chef de défense à vue », lorsqu'il ne les avait pas reconnus au premier coup d'œil, s'efforçait d'identifier en consultant une édition déjà ancienne de l'*Annuaire des flottes de combat*. Et tous ces navires, dans l'attente du pilote, décrivaient de lents et larges mouvements circulaires (assez semblables, mais au ralenti, à ceux que décrivent des canards en celluloïd dans une attraction de fête foraine), qui à tout instant faisaient varier la position de chacun par rapport à l'ensemble des autres.

Le long des deux quais parallèles qu'occupent d'ordinaire le terminal-croisières et le terminal-rouliers – et du quai, perpendiculaire aux précédents, qui les réunit –, pas moins de douze navires sont amarrés (souvent à couple, par manque de place), au nombre desquels on remarque un bâtiment de soutien de l'US Navy, le *Pearl Harbor*, un tout nouveau destroyer britannique de type 45, le *Daring*, une corvette furtive marocaine, le *Tarik Ben Ziyad*, un patrouilleur lance-missiles omanais, le *Musandam*, et au moins deux frégates de la classe O.H. Perry (donc vieillissantes), l'une australienne, le *Melbourne*, et l'autre turque, le *Giresun*. Le *Cassard*, quant à lui, est amarré en tête d'une frégate pakistanaise, le *Babur*, et en queue d'une frégate indienne, le *Betwa*, ce qui l'expose à des désagréments si un incident devait survenir entre leurs équipages. À la vue du *Daring* – de très loin le plus moderne et le plus puissamment armé des navires à quai –, Wax a manifesté à la fois de l'enthousiasme, du fait de cette anglophilie dont il faut peut-être rechercher l'origine dans son goût pour l'ornithologie, et de l'amertume, ou de la mélancolie, parce que la modernité de ce navire, selon lui, fait ressortir la vétusté du nôtre. Personnellement, je n'ai pas d'opinion bien arrêtée sur ce point. Mais Wax, après avoir admiré depuis le quai le blason du *Daring* – un avant-bras plongé dans une vasque enflammée, le tout surmonté d'une couronne royale : enfin bref, un symbole dont la virilité contraste par exemple avec le puéril kangourou rouge que la frégate australienne a choisi pour emblème –, Wax s'est lancé dans des explications assez confuses (à la limite, m'a-t-il semblé, de ses compétences) sur le système Phalanx dont ce destroyer est équipé, parmi d'autres composantes de son bouclier antimissiles, et dont l'élément le plus visible est un canon sextuple de 20 mm, susceptible de tirer en une minute 4 500 projectiles en tungstène ou en uranium appauvri. (Pendant qu'il me prodiguait ces explications, des Marines étaient alignés sur la plage arrière du destroyer, lesquels, aux ordres aboyés par un sous-officier, répondirent par des hurlements d'une telle bestialité que je sentis, sans rien en laisser paraître, que l'enthousiasme de Wax pour la Royal Navy – et plus généralement les sentiments ambigus qu'il professe à l'égard de la condition militaire – en était sérieusement ébranlé.) Quant à la raison pour laquelle tant de navires de guerre sont présents à Doha, en ces derniers jours du mois de mars, elle réside un peu dans des considérations stratégiques et beaucoup dans des considérations commerciales. Car les pays de la rive arabe du Golfe, outre qu'ils vivent effectivement dans la crainte, aiment à dépenser l'argent dont ils regorgent en achetant des armes : or il se tient en ce moment à Doha, capitale de l'émirat de Qatar, une exposition internationale – une foire? – de matériel militaire, dont les navires eux-mêmes, bien qu'ils ne soient pas à vendre, font partie. Et c'est pourquoi le quai est incessamment patrouillé par des véhicules à quatre roues motrices dont les vitres teintées dissimulent des policiers en civil vêtus de dishdashas, tandis que sur les bassins évoluent des semi-rigides, ou d'autres petites embarcations équipées de puissants moteurs hors-bord, que l'on remarque surtout la nuit à leurs feux clignotants. Et c'est pourquoi également, au bout du quai, en amont des contrôles de la douane et de l'immigration, une tente dans le goût bédouin abrite d'autres flics, tant en uniforme qu'en civil, attentifs à relever les identités, et à vérifier les accréditations, de tout ce qui va et vient entre le monde extérieur et ce périmètre hautement sécurisé. À la hauteur de leur propre bateau, les Américains ont déployé quelques obstacles supplémentaires, mais ils ont dû renoncer au mur de conteneurs qu'ailleurs ils érigent volontiers afin de protéger leurs navires en escale. Et voici que de ce bateau, le *Pearl Harbor* (sur le pont principal duquel, au-dessus du radier, sont curieusement arrimés de longs canons de 155 mm montés sur roues, dont on peut se demander si dans cette configuration ils seraient en état de tirer sur la terre), voici que du *Pearl Harbor*, empruntant l'échelle de coupée, débarque une fille en uniforme des Marines (tenue de ville : futal vert et chemise beige-kaki), et par ailleurs d'une beauté si parfaite que, dans un premier temps, on soupçonne quelque subterfuge – le tournage d'un clip ? –, avant de constater qu'il s'agit bien d'une simple soldate, qui maintenant foule l'asphalte du quai d'un pas léger. Naturellement, cette scène stupéfiante n'a pas échappé à l'attention de Wax, dont j'observe que l'œil s'est distinctement exorbité, et pendant un instant je suis assailli par la crainte qu'il n'aborde la fille, comme je suis moi-même tenté de le faire, dans son anglais hésitant et scolaire, pour lui offrir de la guider dans la visite d'une ville où, pas plus que moi, il n'a jamais mis les pieds. Mais il se contente de faire quelques pas sur le quai, dans la direction où elle s'est éloignée, puis de se laisser tomber dans le fauteuil tendu de velours rouge qu'un flic en uniforme devrait occuper si, au même moment, il ne dormait pas à poings fermés dans son véhicule de service garé à proximité.

Wax avait-il un don de seconde vue ? La question mérite d'être posée, si l'on considère que dès ces derniers jours du mois de mars, alors que nous visitions à Doha le *mall* Villagio, il avait manifesté soudainement une inquiétude très vive, presque animale – nous étions à ce moment-là devant la patinoire couverte, où des adolescents, fils et filles d'expatriés pour la plupart, disputaient une partie de hockey sur glace, avec une telle vigueur, ou une telle brutalité, qu'à la façon dont ils s'acharnaient à coups de crosse sur le palet, avec des bruits démesurément amplifiés par le confinement de l'enceinte où le match se déroulait, on aurait pu penser que la survie de l'une ou de l'autre équipe dépendait de l'issue de celui-ci –, exprimant d'une voix étranglée sa crainte de voir détruit par le feu ce centre commercial dont la nurserie devait effectivement être ravagée deux mois plus tard, jour pour jour, par un incendie qui entraînerait la mort de treize enfants et de six adultes, dans des circonstances si confuses qu'il se trouverait alors des « sources bien informées », ou de simples manipulateurs d'opinion, pour accuser les services iraniens d'être directement ou indirectement responsables de cette catastrophe. Puis ça lui passa, comme lui passaient généralement assez vite ses accès de frayeur, de colère ou d'enthousiasme. Un peu plus tard, cependant, tandis que nous longions le canal vénitien qui a fait la réputation de ce centre commercial, et sur lequel, environnées d'une odeur de détergent, évoluaient à une vitesse invariable cinq gondoles équipées de moteurs électriques, l'ensemble étant protégé de la chute d'on ne sait quoi – des morceaux de plafond ? – par des filets tendus à mi-hauteur de la voûte, Wax s'était cette fois déchaîné, avec des accents apocalyptiques, successivement contre « l'étalage de luxe babylonien » (je le cite) que constituait à ses yeux l'exposition en plein air d'un modèle de Porsche Panamera Turbo de couleur café au lait métallisé, puis, devant une vidéo qui passait en boucle dans la vitrine d'une boutique de mode, contre l'hypocrisie d'un système qui autorisait l'exhibition, à des fins commerciales, de mannequins à demi nues (Wax négligeant de relever le plaisir que lui-même avait pris, ou l'excitation qu'il avait ressentie, à regarder ce clip), tout en interdisant aux couples qui fréquentaient cette galerie la moindre démonstration d'intimité, y compris de se tenir la main. Cet éclat de Wax et sa prémonition – deux choses, la seconde en particulier, dont il m'avait expressément demandé de ne rien dire – étaient survenus le jour même de l'ouverture du salon d'armements navals, inauguré en présence de Son Altesse Sheikh Tamin Bin Hamad Al-Thani, « Heir Apparent » et Commandant en chef adjoint des forces armées qataries. Un minibus nous y avait conduits, depuis le bateau – et la première chose que j'avais remarquée, ce jour-là, en posant le pied sur le quai, outre la chaise en plastique bleue sur laquelle de temps à autre un flic était assis, c'était les pots de fleurs géants disposés de loin en loin, en signe de bienvenue (comme si la raison de notre visite, plutôt qu'un salon d'armements, était une exposition de jardinage), et garnis uniformément de pétunias –, empruntant successivement, tout d'abord le long du rivage (« Al Corniche »), puis, perpendiculairement à celui-ci, de larges avenues dont le terre-plein central, lorsqu'il y en avait un, était lui-même invariablement fleuri de pétunias – des pétunias de trois couleurs seulement mais en quantités formidables, et dont le système d'arrosage, compte tenu du climat, devait débiter autant d'eau que les chutes du Zambèze –, avant de nous déposer, au bout d'une heure, peut-être, passée dans les embouteillages, devant un édifice de proportions imposantes, dont le toit était supporté (ou feignait de l'être) par un réseau de poutres gigantesques imitant la ramure d'un cerf (tout du moins est-ce l'impression que j'en retirais). Le Heir Apparent avait terminé son discours, mais il y avait encore, dans l'enceinte du salon, de quoi se distraire et s'instruire. Chaque stand, ou les plus importants – tel celui de MBDA, le missilier européen, à l'intérieur duquel je remarquai que Wax s'attardait –, à côté de l'espace où était exposée la marchandise, disposait d'un petit boudoir, où l'on était reçu languissamment, et régalé de pâtisseries orientales arrosées de thé à la menthe ou de café, par des hôtesses montées sur de très hauts talons, et que leurs tenues islamiques, non exemptes d'une certaine fantaisie, rendaient d'autant plus désirables. Mais plus encore que les hôtesses, ce qui avait retenu l'attention de Wax, au stand MBDA, parmi d'autres variantes du célèbre missile Exocet, c'était un projectile, le SM 39, « à changement de milieu », destiné à être tiré par un sous-marin en plongée contre un navire de surface. Outre que la maquette de ce SM 39 – en fait, une réplique exacte du missile, mais évidemment dépourvue de sa charge explosive, un peu comme ces enveloppes vides de CD que l'on trouve dans les rayonnages d'un disquaire –, outre que cette maquette était par elle-même très attrayante, avec ses surfaces merveilleusement douces au toucher et revêtues de couleurs chatoyantes (détails par lesquels le SM 39 s'apparentait à la Porsche Panamera Turbo exposée dans les galeries du centre commercial Villagio), Wax paraissait désireux de savoir si ce missile était compatible avec les tubes lance-torpilles des sous-marins Kilo dont était équipée la marine iranienne. Mais le vendeur l'ignorait, ou feignit de l'ignorer, d'autant plus qu'il avait dû remarquer que Wax n'était pas du genre à lui acheter quelque chose. De son côté, la firme américaine Raytheon, concurrente de MBDA, afin d'illustrer les performances de son propre matériel, avait installé sur son stand une vue panoramique d'un paysage maritime très semblable à celui du détroit d'Ormuz – même si par politesse, et pour écarter tout soupçon de propagande insidieuse, la terre y était représentée couverte d'une végétation luxuriante –, et dans lequel évoluaient à la surface de la mer des navires de guerre de plusieurs sortes, et sous la voûte étoilée du ciel des satellites, dont l'action combinée permettait d'intercepter sans difficulté apparente, à l'aide de missiles conçus par Raytheon, ceux que des ennemis sans scrupules, et usant quant à eux de moyens asymétriques, tiraient traîtreusement depuis des plates-formes pétrolières ou de simples navires de commerce. Et tout cela sans qu'une goutte de sang soit versée, sans que rien de sale ou d'angoissant ne se produise, sans même qu'aucun être humain, apparemment, n'intervienne dans le déroulement de ce processus impeccable.

Dans la soirée, le ministre français de la Défense était reçu à bord du *Cassard*, en même temps qu'un grand nombre de militaires et de civils des deux sexes. L'orage qui menaçait depuis le milieu de l'après-midi ayant finalement éclaté, alors que devant l'équipage rassemblé sur la plage arrière en « grand blanc » (et protégé des intempéries par un taud dans lequel se formaient à vue d'œil d'inquiétantes poches d'eau) il prononçait son discours, celui-ci fut à plusieurs reprises interrompu par des défaillances de la sonorisation consécutives à des coups de tonnerre. À chaque nouvelle interruption, le ministre s'efforçait de montrer un visage serein, bien qu'à d'infimes crispations de sa mâchoire on le sentît près, comme chacun l'eût été à sa place, de défoncer, à l'aide du micro qu'il tenait à la main, le crâne du quartier-maître responsable de cette installation. À ce propos, Wax croyait se souvenir d'avoir échangé avec le ministre des coups de manche de pioche ou de pied de chaise, jadis, lorsqu'ils étaient jeunes l'un et l'autre, et militant dans des groupuscules extrémistes d'obédiences opposées, mais il ne semble pas qu'il fit allusion à cet épisode, un peu plus tard, lorsqu'il lui fut présenté. À ce moment-là, en effet, je n'étais pas loin d'eux, les observant à la dérobée, et je crus entendre le ministre poser à Wax une question sur le détroit de Bab el-Mandeb, une question de pure forme, évidemment, puisque avant même que Wax ait eu le temps d'y répondre il avait tourné les talons.

Les autorités portuaires auraient bien voulu que nous partions, mais nous nous incrustions, pour quelque raison, peut-être parce que les préparatifs des manœuvres auxquelles le bateau devait participer avec la marine des Émirats avaient pris du retard. Les pots de fleurs géants disposés sur le quai avaient été retirés, peu à peu, de même que la chaise en plastique bleue au pied de la coupée, la frégate australienne – celle qui avait un kangourou rouge peint sur le côté de la passerelle – s'était attardée un jour ou deux, après le départ de tous les autres, mais elle aussi avait fini par appareiller, libérant le quai du terminal roulier auquel aussitôt un transporteur de voitures de la NYK Line, le *Dorado Leader*, était venu prendre sa place, de telle sorte que le *Cassard* se retrouvait le seul survivant de cette exposition de matériel naval dont les tréteaux avaient été démontés. Wax lui-même avait disparu, après une soirée que nous avions passée ensemble au bar de l'hôtel W – un rendez-vous d'expatriés, de probables espions et de femmes dévergondées, au moins selon les critères prévalant au Qatar –, et lors de laquelle il s'était saoulé au point de ne pouvoir par la suite retrouver sans mon aide la chambre qu'il occupait (et, dans cette chambre, son lit) à l'hôtel La Cigale : un établissement dont le chauffeur bangladais du taxi qui me raccompagnait à bord, après avoir couché Wax, m'avait dit qu'il était « famous for night-life », ajoutant ce commentaire énigmatique (et non dénué, me semble-t-il, d'une certaine poésie) : « Boy-friends and girl-friends, they will come and dance ! » Et puis dans le courant de la matinée du 31 mars, alors que peut-être dansaient encore sous les lampions de l'hôtel La Cigale les petits amis et les petites amies, le *Cassard* s'était décidé à prendre le large, et quelques heures après son appareillage, se trouvant hors de vue des côtes, il avait procédé à un exercice de tir au canon de 100 mm sur une sorte de gros coussin gonflé à l'hélium – du moins je le présume – qui bondissait assez ridiculement, de manière quasi humaine,

sur la crête des vagues, et qui portait le nom de
« killer tomatoe », sans doute en raison de sa couleur rouge-orange, sinon de sa forme grossièrement
cubique. Peu après cet exercice, nous avions croisé
sur notre route plusieurs boutres, et j'en avais retiré
l'impression que nous n'avions pas été loin de couler par inadvertance l'un ou l'autre. Lorsque nous
avions atteint Manama, où le bateau devait faire
escale quelques jours (vraisemblablement afin de
permettre aux officiers de son état-major de rencontrer leurs homologues américains et de coor-
donner avec eux leurs activités à venir, Manama
abritant le quartier général de la 5ᵉ flotte), la ville
était en proie à des troubles, et il ne se passait pas
un seul jour sans que des manifestations de la
communauté chiite soient réprimées par la police
du royaume, avec une violence presque toujours
démesurée. Lors de la réception donnée à bord du
Cassard le soir même de notre arrivée, et qui réunit
comme à l'accoutumée un grand nombre de civils
et de militaires des deux sexes et de diverses natio-
nalités (parmi lesquels une femme petite et grosse,
vêtue d'un extraordinaire uniforme rouge à pare-
ments dorés, très cintré, qui la faisait apparaître
comme une écuyère), quelqu'un qui devait être
notre attaché de Défense à Manama me montra sur

son iPhone les messages – « demonstration alert » – qu'il recevait régulièrement, d'heure en heure, pour lui signaler les quartiers à éviter – ainsi, ce soir-là, le « voisinage d'Abu Saïba (Country Mall) sur Budiaya Highway » – en raison des affrontements (« violent clashes ») dont ils étaient le théâtre. Par la suite, au cours du bref séjour que je devais faire à Manama, j'eus l'occasion d'observer, depuis la chaussée surélevée de King Faisal Highway, ce que les autorités avaient fait de la place de la Perle – où les manifestants, au début de leur mouvement, avaient eu l'habitude de se rassembler –, détruisant non seulement, dans un vain effort pour effacer toute trace de ce lieu symbolique, le monument (la perle) auquel il devait son nom (même les billets de banque ou les cartes postales reproduisant ce monument avaient été retirés de la circulation), mais également tout le reste, jusqu'aux pelouses ou aux parterres de fleurs, et interdisant tout le périmètre en le ceinturant de barbelés. Quant au quartier général de la 5e flotte, dans le quartier de Juffair, je m'y suis rendu en compagnie du prêtre, qui souhaitait y renouveler au meilleur prix sa provision de Marlboro (et d'autres commodités : moi-même, par exemple, je prévoyais d'y acheter des lacets de chaussure et de la mousse à raser) et y rencontrer son alter ego, un aumônier militaire américain originaire du Vietnam. (De cet aumônier, je m'étais formé sans le connaître une opinion défavorable, pour avoir lu dans le journal de la base un texte dans lequel il expliquait comment un bon père catholique – ou un père bon catholique –, s'il se trouvait, pendant une tempête, à bord d'un navire en train de couler, en compagnie de son fils, lui-même catholique, et d'un ami athée de celui-ci, devait en priorité, et s'il n'avait que ce choix, se porter au secours de l'ami athée, abandonnant son fils à la noyade, dans la mesure où ce dernier, puisqu'il croyait, était déjà sauvé, tandis que l'athée risquait non seulement de périr mais d'être damné : une fable – qui se concluait naturellement par la noyade du fils et la conversion au catholicisme de son ami athée, lequel finissait même par devenir prêtre – qu'il prétendait lui avoir été inspirée par des faits réels, et qui témoignait en tout état de cause d'une conception assez fruste de la religion que professait l'aumônier.) De la base américaine elle-même, en dehors du Nex (Navy Exchange), je dois reconnaître que je n'ai pas vu grand-chose, sinon qu'elle disposait de quantité d'équipements sportifs et de loisir, et qu'à divers détails, tel un panneau d'affichage, à l'entrée, signalant, pour s'en féliciter, que

« depuis trois jours » aucun « nouveau cas de DUI »
(conduite en état d'ivresse) n'avait été relevé, on
comprenait que la tendance aux excès de boisson
– et celle, concomitante, aux violences sexuelles –
constituait encore un problème pour le personnel
de l'US Navy. Ah oui, je me souviens aussi d'avoir
vu par hasard, sur un parking, la place vide desti-
née au véhicule de l'amiral Fox, qui commandait
alors la 5ᵉ flotte, et que l'on avait attendu en vain,
la veille, à la réception donnée à bord du *Cassard*.

Je nageais. Depuis que j'avais quitté le bateau et que je m'étais installé dans cet hôtel à Abou Dhabi, je faisais chaque jour des longueurs, quarante ou cinquante, parfois plus, jusqu'à ce que l'ennui distillé par la natation dans un bassin de 25 mètres me plonge dans un demi-sommeil d'où j'émergeais pour me hisser sur le bord, épuisé, et m'affaler dans un transat disposé du côté ombragé de la piscine. Le matin, j'étais le plus souvent seul, à l'exception de l'employé bangladais, armé de cisailles, qui taillait les arbustes du jardin afin de préserver leur parfaite sphéricité, et qui répondait invariablement « Yes Sir ! » à toutes les questions que je lui posais au sujet de son activité, et des circonstances dans lesquelles il avait été amené à l'exercer. Le soir, il y avait souvent un peu plus de monde, et je devais parfois slalomer entre des enfants barboteurs que je ne pouvais me retenir de détester, à la fois parce qu'ils entravaient effectivement mon effort et parce que j'ai toujours eu en horreur les gens qui chahutent et font du bruit dans les bassins de natation. Si je nageais, c'était afin de pouvoir le moment venu accompagner Wax dans ses séances d'entraînement, voire dans sa tentative elle-même, puisqu'il avait à plusieurs reprises exprimé le désir que je lui tienne compagnie au moins pendant les premiers moments de celle-ci, « pour que je me sente moins seul au milieu des flots », ajoutait-il généralement sur le ton de la plaisanterie (à ce stade de son projet, peut-être n'envisageait-il pas encore de se faire escorter par une barque, et de s'y reposer de temps à autre, au mépris de toute déontologie ou de tout fair-play). Après avoir nagé, dans la soirée, quand la chaleur devenait supportable, je sortais pour marcher – en plus de la natation, je n'allais tout de même pas me mettre à courir –, si peu que l'environnement de l'hôtel se prêtât à ce genre d'exercice, car pour atteindre l'île de Reem, où sur plusieurs kilomètres carrés s'étendait le chantier qui constituait le but habituel de mes promenades, il me fallait traverser tout d'abord une grande étendue de sable mou, dans lequel, tant il était encore brûlant, on aurait pu mettre des œufs à cuire, puis emprunter au milieu de la circulation l'échangeur réunissant le quartier de Qasr al-Bahr et l'île en chantier. Avant de me lancer dans la traversée de l'échangeur – une entreprise qui à certaines heures, quand le trafic était dense, pouvait apparaître comme désespérée –, j'avais observé comment s'y prenaient les ouvriers du chantier, pakistanais ou bangladais pour la plupart, lorsque en fin de journée ils se rendaient en ville pour y faire des courses avant de regagner leurs dortoirs. Le plus souvent, incapable de déterminer par moi-même l'endroit ou le moment opportun pour franchir tel ou tel obstacle, j'emboîtais le pas à l'un d'entre eux, à distance, de telle sorte que s'il s'était retourné, comme sans doute il devait le faire de temps à autre, il aurait pu s'alarmer d'être suivi par un individu animé de desseins mystérieux, donc inévitablement louche, et me soupçonner par exemple d'appartenir à cette variété peu commune de pervers auxquels leurs pulsions dictent de suivre des pauvres, au crépuscule, dans des lieux retirés, afin de leur arracher les sacs en plastique dans lesquels ils serrent de maigres provisions. Je reprenais pied sur l'île de Reem à la hauteur de ce qui doit être aujourd'hui

le Reem Mall – « A great new mall experience »,
pouvait-on lire déjà sur un panneau publicitaire –,
et qui n'était encore qu'un terrain vague, entouré de
palissades, au-dessus duquel se profilait dans l'obscurité naissante la silhouette de trois tours inachevées, sombres, affectant plus ou moins la forme de
stèles ou de sarcophages gigantesques, couronnées
de grues dont les flèches divergentes portaient des
feux de signalisation. Si je ne craignais de nuire à la
sobriété de la description qui précède, j'ajouterais
que parfois, au fur et à mesure que je me rappro-
chais de ces tours obscures, il s'élevait des bara-
quements situés en contrebas, invisibles derrière
les palissades, un appel à la prière démesurément
amplifié par des haut-parleurs (comme si c'était à
une foule immense qu'il s'adressait, alors qu'on ne
voyait pas âme qui vive) et dont je ne suis jamais
parvenu à localiser plus précisément l'origine.

Des serpents, le commandant R. de M. avait cru en observer, lui aussi, alors qu'il naviguait dans le détroit d'Ormuz. Mais un examen plus attentif, assurait-il, lui avait permis de constater qu'il s'agissait en fait d'une sorte de gélatine, apparemment faite d'œufs agglutinés, et affectant Dieu sait pourquoi cette forme longiligne et sinueuse. Et c'était également, disait-il, le point de vue qui prévalait parmi les scientifiques (dont aucun, il est vrai, n'était herpétologue) ayant participé à la dernière campagne du *Beautemps-Beaupré*. De son côté, un des officiers à cinq galons qui déjeunaient ce jour-là à la table de l'amiral G., commandant de la base navale française à Abou Dhabi, maintenait qu'il s'agissait bien de serpents – mais il reconnaissait n'en avoir jamais vu d'aussi près que le commandant de M. – et citait comme une preuve le fait qu'on leur donnât communément, en français, le nom de « tricot rayé » (moi-même, j'étais presque sûr d'en avoir vu se tortiller, lors de plusieurs passages antérieurs dans le détroit, avec une agilité dont auraient été incapables des œufs agglutinés). À l'intérieur du périmètre de Port Zayed, la base navale française est établie juste en face du terminal conteneurs. Elle consiste en un quai d'une longueur moyenne, trop court pour l'unique porte-avions dont dispose la Marine nationale – que cette limitation soit due au hasard ou, plus vraisemblablement, qu'elle traduise une volonté de ne pas contrarier l'Iran outre mesure, et de ne pas envenimer les relations d'Abou Dhabi avec celui-ci –, mais susceptible d'accueillir une frégate ou un sous-marin nucléaire d'attaque. En retrait du quai, borné d'un côté par une muraille de conteneurs, de l'autre par un chantier de réparation navale, s'élèvent plusieurs bâtiments de trois niveaux dont la sobriété évoque une installation provisoire : soit que l'on ait manqué d'un budget suffisant pour bâtir quelque chose de plus imposant, soit que, là encore, on ait voulu exprimer une position nuancée et en quelque sorte rétractable. Lors de ce déjeuner, donné dans celui des bâtiments qui abrite l'état-major de la base, l'amiral G. s'était d'entrée de jeu attiré ma sympathie en citant élogieusement Thesiger, cet explorateur et écrivain britannique (dont Wax était lui aussi très féru) qui s'est illustré, notamment, en tuant dans les marais du Chatt al-Arab, vers le milieu du siècle dernier, un plus grand nombre de sangliers de dimensions prodigieuses (certains atteignant presque la taille d'un rhinocéros), et en procédant dans les mêmes circonstances à l'ablation d'un plus grand nombre de prépuces (à la demande des intéressés, il convient de le préciser, et parce qu'il avait de vagues notions de chirurgie), que quiconque s'est aventuré dans cette région, avant ou après lui. Quant au commandant du *Beautemps-Beaupré*, le capitaine de frégate R. de M., il était avec son bateau de retour d'une mission qui les avait menés successivement en mer d'Arabie, pour des recherches sismiques relatives à la formation du golfe d'Aden, puis dans le détroit d'Ormuz, pour des recherches hydrographiques, ou bathymétriques, concernant la profondeur, ou le relief sous-marin, de celui-ci. Dans la mesure où quelques mois plus tard la marine des États-Unis, avec le concours de plusieurs navires alliés, devait procéder dans la région à un exercice de lutte contre les mines d'une ampleur et d'un retentissement inédits, évidemment lié à la menace agitée par l'Iran, s'il était attaqué, de rendre le détroit impraticable à la navigation, et comme il est souhaitable, afin de localiser et de détruire des mines, d'avoir une connaissance aussi détaillée que possible des fonds marins sur lesquels elles sont fixées, ou au-dessus desquels elles dérivent, rien n'interdit d'établir une relation entre l'exercice susmentionné et ces recherches bathymétriques, apparemment désintéressées, menées auparavant par le *Beautemps-Beaupré*. Toujours est-il qu'elles avaient amené le bateau à rester positionné dans le détroit, où l'on ne fait habituellement que passer, pendant une soixantaine d'heures, et à franchir à neuf reprises sa partie la plus resserrée. À cette occasion, et cependant que ses sondeurs éclairaient sur le fond, par « fauchées » successives, des bandes d'une largeur égale à cinq fois la hauteur d'eau (soit environ 400 mètres de large pour une profondeur moyenne de 80 mètres), le *Beautemps-Beaupré* n'avait été interrogé qu'à deux reprises (ce qui témoignait d'une certaine absence de vigilance, ou de curiosité, de la part des pays riverains), la première par un sémaphore omanais et la seconde par un navire iranien faisant une route inverse de la sienne. Lors de sa première nuit dans le détroit, le bateau avait rencontré l'imposant convoi, bien visible à l'aide des optiques à infrarouges dont disposaient à bord les fusiliers marins, formé par le porte-avions *USS Carl Vinson* et ses navires d'escorte (convoi qu'afin de parer à toute attaque asymétrique, pendant la durée de son transit, des hélicoptères du premier survolaient à basse altitude), puis dès le lendemain, et de nuit également, un deuxième groupe de navires américains parmi lesquels l'*USS Makin Island* et l'*USS Pearl Harbor*, celui-là même que quelques jours plus tôt j'avais remarqué à Doha, et duquel Wax, frappé de saisissement, avait vu débarquer une jeune femme d'une beauté presque surnaturelle en dépit de son uniforme peu seyant (jeune femme dont tout indique qu'elle était de nouveau à bord du *Pearl Harbor*, cette nuit-là, lorsque le *Beautemps-Beaupré* avait croisé sa route : si bien qu'eût-elle été en train de prendre le frais, à l'heure où cette rencontre s'était produite, un fusilier marin aurait pu l'observer, à travers son optique à infrarouges, et concevoir pour elle, au premier regard, une passion si ardente que le cours de son existence en aurait été infléchi).

« En vue des îlots de Didamar et d'As Salamah (que contourne le rail sortant – le plus au sud – du

DST, le dispositif de séparation du trafic), poursuit le commandant de M., on devinait dans la journée la côte montagneuse du Musandam. Et la nuit, on apercevait des feux sur l'île iranienne de Larak, distante d'un peu plus de vingt nautiques. » Et il avait aussi vu des baleines – probablement des mégaptères, que l'on appelle plus souvent baleines à bosse –, parmi beaucoup d'autres cétacés. Mais ce qui l'avait frappé bien plus encore, c'était un phénomène de bioluminescence observé quelques semaines auparavant, alors que le *Beautemps-Beaupré*, naviguant au large des côtes omanaises, bombardait d'ondes électroacoustiques les fonds marins (sous lesquels courait invisible la faille d'Owen), aux confins des plaques continentales de l'Inde et de l'Arabie. Cela se passait de nuit, vers 23 heures, précise le commandant de M., sur une mer d'huile et sous un ciel somptueusement étoilé. À chaque tir – ou à chaque impulsion – du canon émetteur d'ondes électroacoustiques, poursuit le commandant, une infinité de points lumineux, comme une réflexion de ceux dont le ciel était criblé, s'allumaient dans les profondeurs sous-marines, pour s'éteindre au bout de quelques secondes, puis se rallumer après une nouvelle giclée d'ondes. Et pendant ce laps de temps, conclut le commandant, où scintillaient dans les

profondeurs les millions de micro-organismes sti-
mulés mystérieusement par les ondes, tandis que
brillaient au ciel les étoiles, c'était exactement
comme si le bateau, libéré de tout lien terrestre,
voguait en apesanteur dans l'espace.

Pendant la première quinzaine du mois d'avril, deux événements d'importance inégale surviennent dans la région du golfe Persique. Le premier, c'est la tenue du Middle-East Missile and Air Defence Symposium (MEMAD), dont c'est la troisième édition, et qui s'ouvre le mercredi 11 avril dans les locaux du Club des officiers à Abou Dhabi. Dans l'article qu'il consacre à cette manifestation – et qu'illustre une photo d'une batterie mobile de missiles Thaad, le dernier-né de la gamme de missiles antimissiles fabriqués par la firme américaine Lockheed-Martin –, le supplément « Business » du quotidien *The National* note judicieusement qu'elle intervient « sur fond de tension croissante dans la région », et alors que les pays concernés découvrent qu'« il y a des lacunes dans leurs systèmes de défense ». Un point de vue partagé tant par Orville Prince, vice-président du département « business development » chez Lockheed-Martin – « il existe des menaces, confie-t-il à *The National*, particulièrement en ce qui concerne les armes de destruction massive, auxquelles certains pays de la région ne sont pas encore équipés pour faire face » –, que par Florent Duleux, vice-président régional de MBDA (le missilier européen), présents l'un et l'autre au meeting. Orville vient de signer un contrat d'environ 2 milliards de dollars avec les Émirats pour la fourniture du système Thaad (dont c'est la première vente à l'étranger), tandis que Florent, confiant dans le pouvoir de séduction du missile Aster 30, en particulier, table sur des commandes « de 3 à 5 milliards d'euros au cours des cinq prochaines années ». Le second événement n'est pas sans rapport avec le précédent, ne serait-ce que dans la mesure où il tombe à point nommé pour aider nos deux amis, Orville et Florent, à remplir leurs carnets de commandes. Car le jour même où s'ouvrait à Abou Dhabi ce colloque sur la défense antimissiles, le président iranien Mahmoud Ahmadinejad, de son côté, se rendait en visite à Abou Moussa, une île minuscule et d'un aspect plutôt rugueux, perdue au large de Dubaï (bien qu'elle soit en réalité un peu plus proche d'Umm al-Quwain), et dont la possession fait depuis le départ des Anglais l'objet d'une virulente controverse entre les deux rives du détroit. La question – qui concerne également deux îlots, la Grande et la Petite Tunb – est si complexe qu'il vaut mieux abandonner aux gens dont c'est le métier le soin de la démêler. Les arguments iraniens paraissent assez solides, surtout en ce qui concerne Abou Moussa, et du moins n'ont-ils rien à voir avec la mauvaise volonté supposée de la République islamique, puisqu'elle campe à ce sujet sur les mêmes positions que le régime qui l'a précédée. En 1971, lorsque les Émirats ont accédé à l'indépendance et que les Britanniques se sont retirés, l'émirat de Sharjah, qui revendique la possession d'Abou Moussa et fait valoir des « droits historiques », a bel et bien négocié avec l'Iran un accord reconnaissant à ce dernier le droit d'y entretenir une présence militaire (ce qui revenait un peu à la lui céder, non?). En revanche, l'émirat de Ras al-Khaïmah a toujours revendiqué la possession exclusive des deux Tunb, dont l'Iran s'est emparé en 1971 de vive force, tuant au passage, s'il faut en croire la presse des Émirats, sept ressortissants de ces derniers. Depuis 1992, date à laquelle l'Iran a renforcé sa mainmise et sa présence militaire sur Abou Moussa, les principaux intéressés se sont dans l'ensemble abstenus de jeter de l'huile sur le feu, avec quelques exceptions à cette règle, ainsi lorsqu'un haut responsable émirien, voici quelques mois, a comparé l'occupation iranienne des trois îles à l'occupation israélienne de la Palestine, une proposition tellement sacrilège que pendant quelques instants tout le monde en est resté bouche bée, retenant son souffle. Mais, jusqu'ici, aucun président iranien ne s'était avisé de se rendre en visite à Abou Moussa, et la démarche d'Ahmadinejad suscite dans les Émirats des réactions indignées, assorties de menaces – de rompre les relations diplomatiques, entre autres – dont on devine qu'elles resteront lettre morte, tant à cause de la crainte qu'inspire l'Iran (et qui garnit les carnets de commandes d'Orville et de Florent) que de l'étroitesse des relations commerciales que Dubaï, en particulier, entretient avec ce dernier. Restent les images télévisées d'Ahmadinejad, dans ce qui paraît être un stade, agitant un drapeau iranien devant une petite foule d'insulaires, eux-mêmes d'autant plus enthousiastes que la plupart doivent être des militaires ou d'autres agents de l'État. De retour de cette excursion, le président iranien, ou l'un de ses ministres, a fait part de sa volonté de développer le tourisme sur Abou Moussa. Personnellement, je sais de source sûre que l'île abrite une importante population de mangoustes, lesquelles, à défaut de serpents, dévorent des œufs d'oiseaux, et aussi les petits de ces derniers. La situation de l'île, d'autre part, la richesse halieutique des eaux du Golfe et leur transparence cristalline lorsqu'elles ne sont pas polluées par des hydrocarbures, la désignent sans doute comme un lieu très propice à la pêche sportive ou à la plongée sous-marine. Toutefois, avant que ne s'y développe un tourisme de ce genre, il faudrait au moins que s'efface le souvenir fâcheux laissé par les mésaventures de deux précurseurs, l'un français et l'autre allemand, dont la partie de pêche, en décembre 2005, se termina par un séjour de plus d'un an, sous l'accusation d'espionnage, dans la peu recommandable prison d'Evin, après que leur bateau, venant de Dubaï, eut accidentellement dérivé jusque dans les eaux d'Abou Moussa. Wax, comme on peut le penser, avait étudié cette affaire dans le détail. Il en avait tiré la conclusion que l'embarcation des deux pêcheurs sportifs avait effectivement dérivé, et qu'il ne s'agissait pas de deux agents, grossièrement déguisés (à l'instar de la « deuxième équipe » dans l'affaire du *Rainbow*

Warrior), en train de recueillir pour leurs services respectifs des informations sur des sujets sensibles, tels que le nombre de batteries de missiles déployées sur l'île d'Abou Moussa, ou la capacité, pour celle-ci, d'accueillir et de ravitailler des sous-marins de la classe Kilo, par exemple. Mais si les deux pêcheurs sportifs étaient innocents, s'était demandé Wax, ne risquait-il pas de connaître le même sort, et de se retrouver lui aussi à la prison d'Evin, s'il persistait dans son dessein de quitter le territoire de la République islamique à la nage ? Or la visite d'Ahmadinejad sur l'île d'Abou Moussa coïncidant avec une période pendant laquelle j'étais resté sans nouvelles de lui – et dont je ne devais jamais découvrir comment il l'avait employée –, l'idée me vint, si déraisonnable soit-elle, que Wax s'était peut-être arrangé pour faire partie du voyage. Car si je savais qu'il désirait convaincre les autorités iraniennes de l'innocuité de son projet, voire des avantages politiques (en termes d'« image ») qu'elles pourraient indirectement en retirer, j'ignorais jusqu'où il était prêt à aller pour cela, ou dans quelles sortes de tractations, nécessairement équivoques, il s'était engagé avec elles, sachant que d'autre part il m'avait demandé de gagner à sa cause, afin d'en obtenir une aide matérielle, l'émir de Sharjah, réputé pour

sa prodigalité autant que pour sa francophilie :
or Wax n'était pas distrait au point d'avoir oublié
que sa présence aux côtés d'Ahmadinejad sur l'île
d'Abou Moussa, si elle était avérée, lui interdirait
non seulement de demander quoi que ce soit à ce
monarque, mais même de paraître devant lui, ou
simplement de mettre les pieds sur le territoire de
son petit émirat.

Quand on se rend d'Abou Dhabi à Dubaï en empruntant la Sheikh Zayed Road, c'est par un changement presque imperceptible de la couleur de son revêtement, tirant sur le brun à Abou Dhabi, et à Dubaï sur le gris, que se traduit le passage de l'un à l'autre. Il se peut aussi – du moins est-ce ainsi dans mon souvenir – que les plantations d'arbustes sur le terre-plein central s'interrompent, comme si la vocation horticole du second émirat était moins affirmée que celle du premier. Là où survient ce changement dans la couleur du revêtement et dans la végétation du terre-plein, le paysage, de part et d'autre de la route, est du type désertique-dégradé : plat, poussiéreux, incolore, jonché de touffes éparses que l'on devine hérissées d'épines afin de se protéger du menu bétail, celui-ci, lors de mon passage, momentanément invisible. Le genre de paysage, me disais-je, qu'en l'absence de tout dromadaire aucun touriste n'aurait envie de photographier. C'est presque au même moment – celui où le revêtement change de couleur – que dans des conditions de visibilité ordinaires, donc médiocres, apparaissent sur la gauche les longs alignements de portiques à conteneurs du port de Jebel Ali, le plus grand de son espèce sur les rives du golfe Persique, et le seul qui soit équipé pour recevoir les porte-avions nucléaires américains dont il traîne toujours un ou deux dans les parages. (Bien que personne, à Dubaï, n'aborde volontiers ce sujet, il suffisait de rechercher Jebel Ali sur Google Earth, pendant les six premiers mois de l'année 2012, pour tomber sur des images où un tel porte-avions se voyait comme le nez au milieu de la figure, amarré à un quai situé dans le prolongement du terminal conteneurs, plus ou moins parallèle à l'axe de Sheikh Zayed Road mais invisible de celle-ci.) Puis peu après que l'on a reconnu les portiques – c'est-à-dire bien avant d'atteindre sur la route le point d'où les sicaires d'une « cellule dormante », réveillés en sursaut, pourraient le moment venu s'efforcer d'aligner un porte-avions occupant la position que je viens de décrire –, ce sont les tours de Dubaï Marina que l'on aperçoit, tout d'abord confondues dans un empilement formidable, évoquant aussi bien une forteresse de science-fiction qu'une vision ancienne de la Jérusalem Céleste, sous cette lumière jaune qui prévaut lorsqu'il y a du sable en suspension dans l'air, puis se détachant les unes des autres, au fur et à mesure qu'on s'en approche, pour apparaître chacune dans sa décevante banalité, à l'exception tout de même de celle qui est tordue en hélice comme un vieux Carambar, ou comme une serpillière que l'on essore, et dont il faut reconnaître qu'à ce stade de sa construction – car elle est alors inachevée – elle sort un peu de l'ordinaire. Et la Burj Khalifa, la tour la plus haute du monde – et l'une de celles dont le chantier fut le plus coûteux en vies humaines –, est-ce qu'elle ne sort pas de l'ordinaire? La Burj Khalifa? Si, bien sûr, elle n'est pas non plus sans attraits... Surtout la nuit, quand au tournant de chaque heure elle ruisselle de lumières scintillantes, tandis que sa pointe effilée se perd dans les nuages, s'ils sont bas. Mais lorsque Sheikh Zayed Road déborde la tour Carambar, il lui reste plus de vingt kilomètres à parcourir avant d'atteindre la Burj Khalifa, et encore une dizaine avant de disparaître, aspirée par Sheikh Rashid

Road, dans ce que l'on pourrait désigner comme la périphérie de la « vieille ville » – en gros, celle qui se déploie sur les deux rives de la Creek à proximité de son embouchure – si une telle notion était pertinente à Dubaï.

À rebours de l'itinéraire que je viens d'évoquer, il est possible, depuis ce qui tient lieu de centre historique à Dubaï, de se rendre à Jebel Ali, au moins jusqu'à l'entrée de la zone franche dont le port est entouré, en empruntant une ligne de métro qui est certainement une des plus longues, d'un seul tenant, dans le monde, et sans nul doute « la plus proche du détroit d'Ormuz », ajouterai-je afin de satisfaire à cette exigence (ou à ce caprice) de Wax. Si on loge à l'hôtel Ibis Deira, comme je le fis moi-même dans des circonstances sur lesquelles je ne vais pas tarder à revenir, il convient de prendre à la station Deira City Centre la ligne rouge du métro, d'éviter de monter (en bout de quai) dans la partie de la rame réservée à la classe « Gold », ou dans celle qui n'est accessible qu'aux femmes désirant voyager entre elles (les autres pouvant prendre place où elles veulent, la ségrégation entre les sexes, dans ce contexte, étant laissée à l'appréciation de la clientèle féminine), puis de s'appuyer environ trois quarts d'heure d'un trajet le plus souvent monotone, scandé par les annonces bilingues signalant l'approche d'une station ou la fermeture imminente des portes (annonces que dans mon ignorance de la langue arabe je pourrais retranscrire ainsi : el abwa aboutou blak – doors closing –, el mahata e kodima hir – the next station is...). C'est entre les stations Khalid Bin al-Waleed et al-Karama que le métro sort de terre, révélant dans le lointain, sur la droite, les installations des Dubai Dry Docks, le chantier de réparation navale, occupées principalement, ces temps-ci, par des plates-formes pétrolières à crémaillère. (Au passage, on peut rappeler que ce chantier, pendant la guerre dite « des pétroliers », a reçu beaucoup de ces derniers après qu'ils eurent été touchés par des missiles, issue que s'efforçait de prévenir une entreprise britannique opérant dans le même périmètre, et qui, en plus de les équiper de lance-leurres, revêtait les navires menacés, à la demande, d'un produit apparemment applicable par bandes, comme de la moquette ou du gazon, et supposé les rendre plus furtifs : toutefois je n'ai pas le souvenir que la *Lloyd's List* – le quotidien britannique de référence –, dans les nombreux articles qu'elle a consacrés à cet aspect du conflit, ait fait état d'une seule attaque déjouée par ce moyen, pas plus que par les leurres, la sauvegarde des pétroliers

– dont cinquante-cinq, tout de même, furent coulés ou irrémédiablement endommagés, parmi les deux cent cinquante-neuf attaqués – reposant plutôt sur leur double coque ou sur leur taille, celle-ci bien supérieure à la taille des navires de guerre pour lesquels les missiles ont été conçus ; et aussi, lorsqu'ils étaient à pleine charge, sur le caractère relativement peu inflammable de leur cargaison de pétrole brut.) Quant à la station Burj Khalifa/Dubai Mall, elle est disposée de telle sorte qu'elle ne permet de voir la fameuse tour que de loin et en se tordant le cou. La tour Carambar, en revanche, est bien visible, sur le côté droit de la voie, juste avant la station Dubai Marina, et elle tombe à point nommé pour tirer l'usager de la mélancolie dans laquelle il commençait à sombrer. Passé Nakheel Harbour and Tower se dressent sur la droite les cheminées d'une centrale électrique, et sur la gauche, dans la poussière émaillée de touffes végétales, les pylônes gigantesques supportant les câbles à haute tension qui en émanent. Entre Ibn Battuta et son terminus de Jebel Ali/Jafza, la ligne rouge saute deux stations, inachevées et donc inaccessibles au public, et de la longueur inhabituelle du trajet résultant de cette double omission, comme de l'oppressante et grandiose vacuité du paysage qu'elle survole – du côté gauche de la voie, car du côté droit défilent désormais en rangs serrés les appareils de manutention et autres superstructures de la zone portuaire –, on peut retirer l'impression, surtout à la tombée de la nuit, et d'autant plus qu'à ce moment de la journée, dans ce sens-là, la rame est généralement vide, que celle-ci, évidemment automatisée, et dont la vitesse semble augmenter au fur et à mesure qu'elle enchaîne les stations non desservies, a été accidentellement ou délibérément aiguillée sur une voie sans issue, ou peut-être sans fin, le terme du voyage – écrasement, déchiquetage, envol soudain et mise sur orbite ? – étant dans les deux hypothèses inquiétant à des degrés divers.

« Deux hommes atterrissent en prison pour cause de sexe sous un arbre » (Two men land in jail for sex under tree) titrait ce jour-là une page intérieure du *Gulf News*, tandis qu'enflait par ailleurs la controverse au sujet des îles Tunb et d'Abou Moussa. Les deux hommes, originaires respectivement de Grande-Bretagne et des Seychelles, avaient eu du sexe (to have sex), ou tenté d'en avoir – alors, précisait le journal, qu'ils étaient l'un et l'autre pris de boisson –, sous un arbre situé dans les parages d'Al Garhoud Bridge. (Si, muni de cette information, vous consultiez un plan détaillé de Dubaï, il vous paraissait évident que cet arbre, voisinant sans doute avec d'autres, ne pouvait se dresser qu'à la périphérie soit du Golf and Yacht

Club, sous le grand échangeur connectant Sheikh Rashid Road à Al Rebat Street, soit du Wonderland Amusement Park, dont le nom paraissait plus propice à de telles privautés, et qui s'étend sur la rive opposée de la Creek par rapport à Al Garhoud Bridge.) Malheureusement pour eux, ils avaient été surpris par un automobiliste palestinien vertueux (et qui peut-être avait pour habitude de traquer le sexe sous les arbres), et condamnés aussitôt à trois ans de prison ferme sur la foi de son seul témoignage. Le journal rapportait également comment une servante éthiopienne, qui venait d'assassiner son employeur (et dont je ne doute pas, personnellement, qu'elle avait les meilleures raisons pour le faire), avait été confondue par le chauffeur de taxi pakistanais l'ayant conduite de Fujairah, où l'homicide avait été perpétré, à Abou Dhabi, où sans doute elle prévoyait de disparaître, et tout cela uniquement parce qu'elle s'était avérée incapable de régler le prix de la course.

Et c'est ainsi que le vendredi 13 avril, pour ce qui me concerne, ayant pris à 8 h 15 du matin le bus reliant Dubaï à Fujairah, je fis tout le trajet, ou au moins la première partie de celui-ci, en pensant à la vie brisée de cette servante éthiopienne vraisemblablement abusée par son maître, et jamais, je dois en convenir, au sort également funeste de ce dernier. La clientèle du bus, principalement masculine, était uniformément originaire du sous-continent indien, au point que la radio du bord était réglée sur une station en urdu. Le bus disposait d'autre part d'un thermomètre affichant la température extérieure, et c'est pourquoi je sais qu'elle s'élevait à 37° lorsque dès 10 h 15 nous avons atteint Fujairah. Auparavant, la route avait franchi à hauteur de Masafi un col situé à sept ou huit cents mètres d'altitude avant de décliner brusquement vers le rivage du golfe d'Oman, sur lequel nous débouchions maintenant. La visibilité, une fois de plus, était médiocre, limitée par l'habituel mélange de poussière et d'humidité. Et depuis la promenade aménagée sur le front de mer, jalonnée de parasols bleus protégeant des tables inoccupées, on ne distinguait au large qu'une très faible proportion des dizaines de navires au mouillage, la plupart en train de mazouter ou se disposant à le faire, comme c'est l'usage depuis que Fujairah, à la faveur de la guerre qui sévissait alors dans les eaux du golfe Persique, est devenu vers le milieu des années quatre-vingt une sorte de station-service pour navires en transit, en même temps qu'un parking pour les pétroliers momentanément désarmés. (Les navires de guerre américains ou britanniques, les sous-marins d'attaque en particulier, sont également nombreux à fréquenter ce mouillage, même si leurs noms, par discrétion, n'apparaissent pas sur les listes régulièrement mises à jour par le site web du port : et le même souci de discrétion, ou le souvenir des bagarres qu'ils ont déclenchées dans le passé, fait que les marins américains, jusqu'à nouvel ordre, sont privés de permissions à terre, et doivent se contenter des maigres distractions offertes par le *Flying Angel*, une barge mobile mise à la disposition des gens de mer par l'Église d'Angleterre.) À la sortie de Fujairah dans la direction de Khor Fakkan, confinées par la proximité de la montagne à une étroite bande côtière, des dizaines d'énormes cuves marquent le débouché du tout nouveau pipeline, long de 370 kilomètres, permettant à Abou Dhabi d'exporter chaque jour un million et demi de barils de brut en évitant les aléas du détroit d'Ormuz. Wax, me disais-je, aurait été content de voir ça – et de noter aussitôt sur un calepin le nombre exact de cuves et la position précise de chacune, au risque d'attirer fâcheusement l'attention sur ses agissements –, mais tant pis pour lui. Car il persistait à ne pas donner de ses nouvelles, son adresse électronique le signalait toujours comme absent « pour quelques semaines », et la messagerie de son téléphone était désormais saturée. Or j'avais le souvenir d'une conversation lors de laquelle il avait évoqué l'hôtel Oceanic, à Khor Fakkan, comme un établissement où il avait auparavant séjourné et auquel il demeurait attaché : à l'époque où il naviguait comme radio ou comme maître d'hôtel (si même il naviguait), son bateau ayant dû procéder à une relève d'équipage à Khor Fakkan – dont les équipements portuaires n'ont fait que se développer entre-temps, et comptent aujourd'hui parmi les plus performants de la région –, Wax s'était installé pour quelques jours dans cet hôtel, qui disposait en contrebas d'une plage privée, et il y avait fait la connaissance d'une jeune femme russe que tout, dans son récit, désignait comme une prostituée, bien qu'il se refusât à l'envisager sous cet angle, et à laquelle il s'était tout d'abord lié, s'il fallait l'en croire, en lui lavant délicatement les pieds avec une solution de trichlore (dans un geste, me disais-je, qui rappelait étrangement un épisode de l'histoire sainte), après qu'en sortant du bain elle eut marché dans des hydrocarbures recouverts par une mince couche de sable, comme il arrive souvent sur les plages du golfe Persique, et comme Wax lui-même, par la suite, devait en faire l'expérience. Cette histoire, à supposer qu'elle se fût réellement produite, avait duré sans doute ce que duraient habituellement les amours de Wax. Mais elle l'avait marqué au point de fixer dans sa mémoire l'image de l'hôtel Oceanic comme celle d'une sorte de Cythère (de Cythère à sa mesure), et c'est pourquoi j'avais éprouvé le désir de le voir, si infime que fût la probabilité de l'y retrouver par surcroît. Or non seulement Wax ne séjournait pas à l'hôtel Oceanic lorsque je l'atteignis – conduit par un chauffeur de taxi pakistanais qu'inévitablement je soupçonnai d'être celui qui avait livré à la police la servante éthiopienne –, mais l'établissement, bien reconnaissable à sa forme trilobée, était fermé, pour cause de « travaux de rénovation », assurait un panneau accroché à la grille qui en interdisait l'entrée, si bien que je n'eus même pas l'occasion de le visiter, ou d'accéder à cette plage privée sur laquelle s'était peut-être déroulée la scène du lavement des pieds, pas plus que de demander à la réception s'ils avaient le souvenir d'avoir hébergé dans le passé un client du nom improbable de Wax. À 13 heures, alors que la température extérieure s'élevait à 40°, désormais, le chauffeur pakistanais m'a déposé à l'endroit où je devais reprendre le bus en direction de Dubaï. Un nuage monstrueux, haut sur l'horizon mais se propageant jusqu'à terre, boursouflé, présentant diverses nuances d'ocre et de brun, se rapprochant à une vitesse qui me parut extraordinaire, je trouvai refuge dans une boutique d'aspect minable, tenue par un autre Pakistanais et se désignant elle-même comme la « Youth Satisfy Cafeteria », au moment précis où sa porte menaçait d'être arrachée par la bourrasque. Cependant personne, à part moi, n'avait l'air de s'en soucier plus que ça, et il se trouva même à l'intérieur de la boutique une jeune femme très avenante pour me demander de remplir un « questionnaire de satisfaction », justement, comme la jeunesse, relatif aux prestations de la compagnie des bus. Et pas plus la visibilité, réduite à quelques mètres, que la force du vent, qui menaçait de l'enlever dans les airs, n'empêcha le nôtre de partir à l'heure, puis de se lancer à l'aveuglette dans le gravissement de la montagne. Le paysage que j'avais vu à l'aller paré de ses couleurs habituelles, qui déjà étaient assez ternes, baignait désormais dans un éclairage monochrome et terreux de fin du monde. Peu avant d'arriver à destination, le long de l'aéroport international de Dubaï dont le trafic était interrompu, je remarquai un amas de pétunias plus foisonnant encore, plus vaste et plus touffu, que tous ceux que j'avais observés auparavant dans la région, et dont les massifs qui le composaient, cet amas, balayés et tordus par le vent, fouettés par le sable en rafales, m'évoquèrent irrésistiblement, bien que de manière incongrue, un troupeau de bœufs musqués que dans un reportage télévisé j'avais vu lutter désespérément, regroupés en carrés, contre une tempête de neige au cœur de l'hiver arctique.

À l'exception notamment de l'Oceanic, qui depuis la grille en interdisant l'accès m'avait paru un hôtel décent, Wax, par une espèce de dandysme, et afin de soigner cette réputation équivoque dont n'étaient dupes que ceux qui ne le connaissaient pas depuis longtemps, affectait volontiers de préférer, pour y séjourner, des établissements qui sans être sordides tendaient vers la décrépitude, et accueillaient plutôt, habituellement, une clientèle d'un niveau économique et social qui n'était plus le sien, s'il l'avait jamais été. À Dubaï, par exemple, il m'avait recommandé avec insistance un petit hôtel, tenu par des Somaliens, que j'eus le plus grand mal à découvrir parmi les ruelles du vieux quartier d'Al Ras, à l'intérieur du coude que forme la Creek avant de rejoindre la mer, et qui offrait une dizaine ou une quinzaine de chambres réparties sur deux niveaux autour d'un patio : hôtel dans lequel j'avais renoncé à m'établir après y avoir été reçu assez fraîchement, et d'autant plus qu'un correspondant d'Interpol me l'avait signalé, à tort ou à raison, comme hébergeant au moins de temps à autre des preneurs d'otages, ou des intermédiaires séjournant à Dubaï afin d'y négocier les rançons pour le compte des précédents, voire des commerçants impliqués dans le trafic de ce bois spécial, originaire de Somalie et apprécié des fumeurs de chicha un peu partout dans le monde, dont les bénéfices contribueraient localement au financement d'une milice islamiste. Jusqu'à quel point Wax était-il averti de ces détails, c'est ce que je continue d'ignorer. Mais, s'il l'était, il se peut qu'il s'en soit accommodé, dans la mesure où un tel environnement ne pouvait que servir cette réputation à laquelle je faisais allusion tout à l'heure. Le second établissement qu'il m'avait recommandé était à tous égards différent du premier. Il s'agissait en effet d'un hôtel situé dans le quartier d'Al Raffa (sur la rive opposée de la Creek), connu pour abriter un commerce de prostitution (celle-ci de bas de gamme), et dont le bar, le Mickey's, un lieu obscur et confiné, sentant dans la journée le renfermé et le tabac froid, équipé de plusieurs téléviseurs diffusant en continu des images du championnat de la Premier League britannique, accueillait chaque nuit jusqu'à 3 heures du matin une clientèle d'expatriés, blancs et anglo-saxons pour la plupart, alcooliques à des degrés divers, et dont il n'était pas exceptionnel qu'ils se battent entre eux pour des broutilles, comme me le confirma le portier tanzanien que Wax connaissait, et auquel je demandai à tout hasard s'il avait des nouvelles récentes de ce dernier. Et comme je n'avais pas plus envie de côtoyer des ivrognes anglo-saxons que des preneurs d'otages somaliens, après quelques tergiversations, pour la forme, je m'étais installé à l'Ibis, l'avantage des hôtels de cette chaîne, de mon point de vue, outre leurs tarifs modérés, étant de présenter où que ce soit dans le monde un aspect remarquablement uniforme (jusque dans le choix des nourritures médiocres proposées en libre-service pour le petit déjeuner), uniformité qui développe chez moi le sentiment rassurant de n'être nulle part, ou d'être n'importe où. De ma chambre, située dans les étages supérieurs de l'hôtel, je pouvais voir toute la partie de la ville qui s'étend à l'ouest de la Creek, et dans la soirée briller au loin – et scintiller en cascade au tournant de chaque heure – les lumières de la Burj Khalifa, un élément d'exotisme ou de dépaysement dont je me serais largement contenté, quitte à ne sortir de cette chambre qu'aux heures des repas – et encore l'hôtel disposait-il d'un room-service –, si j'avais séjourné à Dubaï pour mon plaisir.

Au retour de cette vaine excursion à Khor Fak-kan, je lus sur l'écran de mon ordinateur un message émanant du commandant du *Cassard* – celui qui jouait du cor –, dans lequel il me signalait que son bateau venait de franchir à nouveau le détroit d'Ormuz pour se porter au-devant de l'*USS Enterprise*, qui se disposait à prendre dans le Golfe la relève de l'*USS Carl Vinson*. (Ce message devait être suivi d'un autre, à deux jours d'intervalle, envoyé cette fois par le comaeq – le commandant adjoint équipage – et relatant avec plus de détails comment le bateau, intégré à l'escorte du porte-avions, avait passé au retour le détroit, et comment à cette occasion tous les navires du groupe, tant le porte-avions lui-même que le croiseur qui le précédait ou les destroyers qui fermaient la marche, avaient dû infléchir leur route afin de contourner un patrouilleur iranien planté au milieu de celle-ci – dans un geste de défi auquel mon correspondant semblait ne pas avoir été insensible –, et que les images jointes au message permettaient d'identifier comme étant de type Houdong, avec les conteneurs de ses missiles antinavires C 802 bien visibles sur la plage arrière.) Le vent était tombé, lorsque je suis ressorti, et le trafic avait repris avec son habituelle intensité sur l'aéroport de Dubaï, bien que l'air fût encore chargé de fines particules de sable en suspension qui ménageaient au milieu de l'après-midi une atmosphère prématurément crépusculaire. Quand on ne sait pas quoi faire dans une ville, et pour peu qu'elle présente une façade maritime, ou ne serait-ce qu'un accès à la mer, il y a toujours la ressource d'aller voir de ce côté-là. Cependant lorsque après avoir marché plus de trois kilomètres le long de la rive droite de la Creek – à travers cette sorte de marché aux puces, ou de tombola géante (premier prix, une Toyota 4 × 4, deuxième prix, un téléviseur Panasonic, troisième prix – au choix –, un fauteuil roulant pour infirme ou un bidon de 50 litres d'huile de palme), que forme sur le quai l'étalage incessamment remodelé des marchandises en voie de chargement sur les boutres, à destination principalement de l'Iran, et dans une moindre mesure de pays aussi lointains que la Somalie ou le Kenya –, j'atteignis enfin son embouchure, et donc l'endroit où la mer aurait dû se trouver, je constatai qu'à sa place, et pour l'essentiel, c'était de la poussière qui s'étendait, de la poussière – ou du sable pulvérulent – d'un blanc si éclatant qu'il devait être aveuglant quand le soleil donnait en plein dessus. Mais de la poussière alors bien peignée, parfaitement nivelée, car le projet de ceux qui avaient repoussé la mer à perte de vue – projet qu'apparemment l'éclatement d'une bulle immobilière, ou quelque autre phénomène du même genre, avait réduit à néant – était de bâtir une ville nouvelle sur le terrain remblayé, ainsi qu'en témoignait un panneau publicitaire déjà très défraîchi où une telle ville était représentée (« Where vision inspires humanity »), ou encore ce pont autoroutier qui plus loin, au-delà du Hyatt, prenait son élan pour rejoindre la corniche, par-dessus le peu qu'il restait de la mer, et s'interrompait à mi-chemin, comme tranché net par l'un de ces missiles balistiques, ou de croisière, contre lesquels, aux dires de Florent et d'Orville, les Émirats étaient insuffisamment protégés. (À l'entrée du chantier, ou de ce qui avait été le chantier, une barrière mobile en interdisait l'accès au public, surveillée depuis l'intérieur d'une cabine par un garde au regard masqué par des lunettes noires, et qui, lorsque je lui demandai quand les travaux devaient reprendre, me répondit « in fifty years » – dans cinquante ans –, soit pour couper court à la conversation, soit, plus vraisemblablement, parce qu'il n'avait pas compris ma question, ou moi sa réponse.)

De là où je me tenais maintenant, à l'extrémité d'un terrain vague, ou d'un parking, qui de ce côté marquait la limite de la terre ferme, il était possible d'emprunter un passage souterrain, à l'usage des piétons et des cyclistes, réunissant les deux rives de la Creek, comme il en existe à Hambourg ou à Anvers, mais de beaucoup plus longs, pour franchir par en dessous le cours de l'Elbe ou celui de l'Escaut. Dans la descente menant au souterrain, au-dessus de laquelle poussait un mûrier sauvage, des fruits écrasés formaient des taches écarlates et poisseuses que je pris grand soin d'éviter. Le tunnel lui-même, qui aurait pu sans cela constituer à Dubaï, et dans l'espace public, le seul refuge sûr (ou relativement sûr) pour un couple désireux de s'embrasser, à condition évidemment qu'il fasse vite et s'en tienne là, contrairement aux deux ivrognes qui s'étaient fait pincer dans le voisinage d'Al Gharoud Bridge, le tunnel était malheureusement placé sous la surveillance de caméras vidéo interdisant tout épanchement de ce genre, ce dont je me souciais d'autant moins, pour ma part, que je ne connaissais dans cette ville personne que je puisse embrasser. De retour à l'air libre, sur la rive gauche de la Creek, j'observai que si je parvenais à traverser en deux temps (en marquant une pause sur le terre-plein central) Al Khaleej Road, à travers la circulation très dense de cette fin d'après-midi, je pourrais atteindre une pelouse étonnamment verdoyante et lustrée, que nul ne devait jamais fouler à l'exception des jardiniers bangladais, pakistanais ou indiens chargés de son entretien, émaillée de parterres de pétunias arrosés sans relâche au goutte-à-goutte, et séparée par une simple clôture grillagée des installations de Port Rashid. Celles-ci sont principalement destinées aux escales de prestige, celles des navires de guerre ou des paquebots de croisière. Les seconds étaient représentés ce jour-là par une conjonction assez rare du *Queen Elizabeth II* et du *Queen Mary II*, témoignant de ce que la guerre, avec la fermeture du détroit d'Ormuz qu'elle aurait risqué d'entraîner, demeurait une perspective éloignée, et les premiers par ce destroyer britannique de type 45, le *Daring*, qui avait si fortement impressionné Wax lorsque nous l'avions côtoyé à Doha, et qui à Dubaï était amarré le long du même quai que les deux paquebots et en tête de ceux-ci, comme s'ils avaient été appelés à naviguer tous les trois en convoi.

« Son Altesse (His Highness) est en voyage et ne reviendra pas avant plusieurs semaines », avait fini par me dire au téléphone celui de ses secrétaires auprès duquel j'étais le mieux introduit. À défaut d'un entretien particulier avec l'Émir, Son Altesse Sheikh Dr Sultan Bin Mohammed al-Qasimi – entretien lors duquel, on s'en souvient, je devais lui présenter au nom de Wax une demande de subvention qui avait toutes les chances d'être écartée –, on me proposait maintenant, comme un lot de consolation, une visite privée, guidée par son directeur, le Dr Ali al-Marri, du Centre de recherches créé par ce monarque et situé sur le campus de l'université de Sharjah. Bon. Une visite que j'avais faite auparavant, à Abou Dhabi, d'une institution du même genre, le National Center for Documentation and Research, m'avait laissé une impression mitigée : plus précisément, je n'en avais gardé d'autre souvenir que celui d'un tic dont était affligé son directeur, et qui consistait à se retourner continuellement la paupière inférieure de l'œil gauche (peut-être souffrait-il d'un orgelet) pour en exposer la fine membrane réticulée de vaisseaux sanguins et horriblement rougeoyante. Rien de tel avec le Dr al-Marri, qui, le jour où je l'ai rencontré, semblait en parfaite santé, un peu enveloppé, peut-être, mais sans plus. Pour arriver jusqu'à lui, il m'avait fallu errer longuement, en taxi, sur des artères immenses dont le terre-plein central était invariablement planté de pétunias, à travers un campus si démesurément étendu que l'on se demandait comment les étudiants parvenaient à s'y retrouver, pour ne rien dire des difficultés qu'ils auraient éprouvées si l'idée saugrenue leur était venue de manifester ou de se rassembler d'une manière ou d'une autre. (À l'intention de Wax, je notai mentalement que ce campus, s'il n'était pas le plus proche du détroit d'Ormuz, était incontestablement le plus grand dans le voisinage de celui-ci.) Le bâtiment qui abrite le Centre, lorsque enfin je l'atteignis, était en cours de réfection, et de son côté ombragé, au pied de majestueuses colonnes couronnées de chapiteaux lotiformes (plus ou moins lotiformes), des ouvriers originaires du sous-continent indien, porteurs de ces gilets fluorescents qui permettent aux automobilistes de les distinguer de leur environnement quand ils cheminent ou travaillent en bordure des grands axes, des ouvriers originaires du sous-continent indien bricolaient, pour certains, et pour d'autres dormaient, étendus de tout leur long sur le sol, à plat dos, leurs pieds nus largement écartés, tels des cadavres sur une table de dissection. Ayant allumé devant eux une cigarette, avant de me faire reconnaître du Dr al-Marri, je me vis bientôt dans l'obligation d'en écraser le mégot sur le parvis, aucun dispositif n'ayant été prévu pour s'en défaire autrement. Tout autour du bâtiment s'étendaient des pelouses émaillées de parterres de pétunias, et dans le silence qui s'établissait brièvement entre deux passages à basse altitude d'avions en provenance ou à destination de l'aéroport international de Sharjah, on entendait pépier ou gazouiller (enfin bruire) différentes espèces d'oiseaux, parmi lesquels c'étaient les mainates qui prévalaient. L'intérieur du bâtiment était agréablement réfrigéré, et pas plus que dans l'établissement du même genre où j'avais été reçu à Abou Dhabi quelques jours auparavant, on n'y relevait le moindre signe d'une quelconque activité. Le Dr. al-Marri me fit visiter tout d'abord la salle consacrée à la collection de cartes anciennes de l'émir – principalement des cartes du détroit d'Ormuz, ou du Golfe dans sa totalité –, dont je ne parvins pas à discerner s'il s'agissait d'originaux ou de simples copies. Dans une autre partie du bâtiment étaient exposées des maquettes de navires, et dans une autre encore, celle qui de très loin était la plus chère au cœur du Dr al-Marri, la collection des diplômes *honoris causa* glanés par Sheikh Sultan dans des universités du monde entier. À côté de chaque diplôme étaient présentées la toge qui allait avec et une photographie illustrant la remise à l'émir de tout le saint-frusquin. D'autres photographies le montraient en compagnie de la plupart des chefs d'État de la planète, et c'était l'occasion de constater que certains d'entre eux avaient été depuis destitués, tandis que d'autres étaient morts ou devenus gâteux. S'il arrivait à l'émir, la nuit, lorsqu'une insomnie le tenait éveillé, de parcourir seul les salles de ce musée dédié à sa propre gloire, vêtu d'un pyjama et une chandelle à la main, éprouvait-il en regardant ces photographies la crainte de sombrer dans le même oubli (teinté d'opprobre) qu'un Gaafar Nimeiry, par

exemple ? Rien n'est moins sûr. Car il avait tenté de
se prémunir contre un sort aussi funeste en composant une œuvre littéraire dont le Dr al-Marri, avant
que nous nous séparions, m'avait offert l'intégralité,
et que je consultais maintenant, de retour dans ma
chambre de l'hôtel Ibis-Deira, en commençant par
les pièces de théâtre – *Alexandre, Hulagu*, etc. : rien
que des conquérants vaincus par leurs conquêtes –,
auxquelles je n'accordai qu'une attention superficielle, en poursuivant par un ouvrage historique
concernant les relations franco-omanaises, d'où il
ressortait qu'en 1759 deux navires français placés
sous le commandement du futur amiral d'Estaing,
le *Condé* et l'*Expédition*, avaient franchi le détroit
d'Ormuz pour aller bombarder un comptoir britannique établi à Bandar Abbas, et en terminant par
un récit autobiographique, *Le Prince Rebelle*, dans
lequel l'émir, non sans une certaine complaisance,
évoquait ses années de jeunesse. Il racontait ainsi
comment en 1956, pendant l'expédition de Suez,
il s'était introduit nuitamment sur l'aérodrome
de Sharjah – à l'époque un terrain d'aviation très
modeste, et le seul de son espèce dans la région –
pour y mettre le feu à des appareils britanniques
qu'à travers sa description, dans laquelle il insistait sur les entrées d'air de leurs réacteurs béant au

ras du sol, il était facile de reconnaître comme des Gloster Meteor. Ce détail (celui relatif aux entrées d'air) était d'ailleurs le seul qui donnât à ce récit un certain cachet de vraisemblance, car autrement, un incident quelconque l'ayant empêché de mener à bien son projet, celui-ci n'a laissé aucune trace dans les annales. C'était d'autre part la seconde occurrence de l'aérodrome de Sharjah que je rencontrais dans un texte littéraire : la précédente, que je préférais de beaucoup, se trouvait dans les dernières pages du livre de Wilfred Thesiger intitulé *Arabian Sands* (*Le Désert des déserts* pour la traduction française), au moment où, ayant parachevé ses célèbres explorations du Rub al-Khali, et alors qu'il vient de se séparer de ses deux guides bédouins – dont rien n'interdit de penser qu'ils furent, sans doute chastement, le seul grand amour de sa vie –, il embarque à Sharjah sur un avion qui doit le ramener vers l'Europe (ou du moins lui faire franchir la première étape de ce long voyage de retour), circonstance qu'il évoque dans une phrase mélancolique – « et je sus ce que c'était de partir en exil... » – délibérément calquée sur celle qui conclut *Les Sept Piliers de la sagesse*.

Dans sa biographie de Thesiger[1], Alexander Maitland rapporte comment le colonel Orde Wingate – un officier britannique passablement excentrique, avec des traits de génie et d'autres de pure démence –, lorsqu'au début de l'année 1941 il procédait au recrutement des hommes de la Gideon Force (laquelle était appelée à jouer un rôle éminent dans la libération de l'Éthiopie), éliminait impitoyablement les gloutons, ou ceux qu'il considérait comme tels, c'est-à-dire, en gros, quiconque ne s'alignait pas sur ses propres habitudes ascétiques. Thesiger avait passé le test avec succès, bien qu'il fût capable de manger de bon appétit – notamment

---

1. *Wilfred Thesiger, The Life of the Great Explorer*, Harper Perennial, 2007.

de la marmelade d'oranges – lorsque les circonstances s'y prêtaient. Pour le reste, il ne devait jamais s'entendre avec Wingate – auquel il reprochait principalement, étant lui-même pro-arabe, son enthousiasme pour l'établissement d'un foyer national juif en Palestine, outre son goût pour les colliers d'oignons crus et son mépris des convenances les plus élémentaires, qui l'amenait parfois à paraître devant ses subordonnés complètement nu, et se frottant vigoureusement les couilles avec une brosse en caoutchouc –, mais cette antipathie ne l'a pas empêché, dans son autobiographie, de rendre justice aux qualités déployées par celui-ci dans la conduite des opérations en Éthiopie. Si j'en suis venu à parler d'Orde Wingate, et à mentionner l'horreur que lui inspirait la gloutonnerie, c'est parce qu'à la suite de ce que je considérais comme un relâchement de mes propres mœurs, à Dubaï, au moins sous le rapport de la nourriture et des performances sportives, à peine m'étais-je établi à Ras al-Khaimah – l'émirat le plus au nord de la fédération, et par conséquent le plus proche du détroit d'Ormuz – que je décidai dans un même élan de reprendre mon entraînement à la natation et de me soumettre à un régime alimentaire très sévère, au point que de toute la journée du 21 avril, par exemple, je parvins à ne manger qu'une coupelle de riz sucré parfumé à l'eau de fleur d'oranger, tout en enchaînant les longueurs de piscine presque jusqu'à tomber d'inanition. Car l'hôtel Ras al-Khaimah, situé à la périphérie de la ville du même nom, sur une hauteur (et juste en face d'un palais, entouré d'une enceinte crénelée et jalonnée de miradors, qui avait été celui de l'ancien émir, et qui témoignait d'une austérité, ou d'une décence, contrastant avec les goûts hollywoodiens de la génération suivante), l'hôtel Ras al-Khaimah disposait d'une piscine assez longue, et peu fréquentée, pour se prêter à mon entraînement. Le bassin était bordé d'un côté par une terrasse couverte où je prenais mon petit déjeuner (généralement copieux, je dois le reconnaître, ce qui relativise les considérations précédentes au sujet de mon régime), et sur le toit de laquelle des ouvriers travaillant à la réfection de cette partie de l'hôtel faisaient pleuvoir de gros morceaux de plâtre ou de ciment, exactement comme si des singes – et c'est ce que j'imaginai tout d'abord – l'avaient bombardé à coups de noix de coco. De même qu'à Abou Dhabi, c'était dans la matinée que je pouvais jouir de cette piscine dans une solitude complète. Et quand je nageais sur le dos, Wax m'ayant communiqué à la longue, parmi d'autres de ses manies, celle d'observer les oiseaux (et de les identifier pour certains), je pouvais voir des mainates en train de construire leurs nids, bruyamment, dans les palmiers qui prodiguaient leur ombre chétive à la piscine, ou des hirondelles venir s'y désaltérer (au risque, me disais-je, de s'empoisonner avec les produits que l'on y diluait pour la désinfecter), ou des perruches à collier zébrer le ciel de flèches vert et bleu, ou exceptionnellement – et comme ce fut le cas lors de cette même journée du 21 avril, celle de la coupelle unique de riz sucré –, une huppe fasciée se poser sur l'herbe de la pelouse pour y déterrer de petits invertébrés. Tout allait pour le mieux, donc, jusqu'au jour où vers 17 h 30 a débarqué au bord de la piscine un trio d'hommes gras et blafards (dont le corps donnait l'impression d'avoir été conservé longtemps dans une cave ou tout autre lieu sans lumière), qu'à leurs barbes fournies, déployées en éventail sur leurs poitrines d'une blancheur cireuse, j'identifiai à tort ou à raison comme des salafistes. Ce trio était d'autre part très volubile, et comme ils conversaient en anglais, j'en conclus que si deux d'entre eux, vraisemblablement, étaient arabes, le troisième – le plus pâle, et le seul dont la barbe était rousse – devait être un terroriste tchétchène, ou

125

mieux encore un terroriste tchétchène retourné, sous la torture, et devenu à son tour un exécuteur des basses œuvres de Ramzan Kadyrov. Toujours est-il qu'ils prirent possession de la piscine aussi brutalement qu'auraient pu le faire des enfants mal élevés, nageant à l'aveuglette, braillant et éclaboussant, érigeant hors de l'eau leurs barbes ruisselantes – dont je ne doutais pas qu'elles perdissent leurs poils en abondance –, et que la crainte de les y croiser à nouveau m'en tint éloigné jusqu'à la fin de mon séjour. En désespoir de cause, je me fis conduire à l'Iceland, un parc de loisirs aménagé à l'entrée sud de Ras al-Khaimah et dont j'avais remarqué au passage l'effroyable décor, figurant des rochers enneigés sur lesquels étaient perchés des pingouins. Le chauffeur de taxi qui m'y avait conduit, originaire de Peshawar et disant de son peuple qu'il aimait « les camions et la bagarre » – ce qui était une définition comme une autre du caractère des Pachtouns –, le chauffeur de taxi, qui jamais n'avait mis les pieds à l'Iceland, à cause de ses tarifs élevés, imaginait pour les mêmes raisons qu'il s'agissait d'un endroit merveilleux (peut-être un équivalent de ce que l'Oceanic avait été pour Wax dans un autre temps). Quant à moi, la première chose que j'observai, en pénétrant dans l'enceinte du parc, après avoir acquitté le tarif « visiteur » qui me donnait seulement le droit de regarder, ce fut une gamine enveloppée des pieds à la tête dans une abaya noire, posée sur une chambre à air également noire dans une position qui lui interdisait pratiquement tout mouvement, et qui dérivait, comme rescapée d'un naufrage, sur l'eau d'une piscine à peine plus profonde qu'un bain de pieds. Autrement, presque toutes les attractions déclinaient le même thème, celui de la glissade et de l'éclaboussement, et elles étaient surtout fréquentées par des hommes ou des enfants de sexe masculin. La mer, bien que toute proche, était invisible de l'intérieur du parc. Pour la trouver, il fallait contourner l'un des éléments du décor, dont on constatait alors qu'il se réduisait à une mince coque de plastique ou de fibrociment supportée par une fragile armature, puis se frayer un chemin à travers les bicoques des travailleurs asiatiques qui dans la coulisse animaient toute cette machinerie. Au-delà des bicoques, on atteignait le rebord d'une petite falaise au pied de laquelle la mer venait lécher une plage d'un gris sale, malodorante, dominée par un panneau enjoignant de ne pas s'y baigner : « No swimming in sea ». C'était bien des Émirats, me disais-je, d'aménager un parc de loisirs balnéaires en un point du littoral où la mer était impraticable. Et ce qui n'était pas moins typique des Émirats – outre le fait que le rivage, de part et d'autre de la plage, fût à perte de vue remblayé –, c'était d'avoir dissimulé un bar, le Klubb 88, au revers d'un de ces décors de carton-pâte, le Snow Castle, et tout en haut de celui-ci, afin de le soustraire dans toute la mesure du possible aux regards du public non averti. Au milieu de la journée, l'établissement était désert, à l'exception d'un barman australien régnant dans la pénombre sur tout un assortiment de bouteilles, et qui me signala que le bar était ouvert le soir à partir de 18 heures et jusqu'à 4 heures du matin, et égayé pendant tout ce temps par un orchestre. Le bar donnait sur une terrasse en planches tournant le dos au parc de loisirs, d'où elle était invisible, et faisant face à la mer. Exactement le genre d'endroit où Wax aurait aimé se tenir après avoir bu, ou tout en buvant, pour se lancer par-dessus le bruit du ressac dans de grands soliloques s'il avait disposé d'un public, même très restreint. De retour à l'intérieur, j'interrogeai le barman australien – éprouvant à cette occasion combien il m'était difficile de décrire Wax, comme s'il avait suffi de quelques semaines de séparation pour que ses traits s'effacent presque complètement de ma mémoire –, mais celui-ci se révéla très méfiant, me soupçonnant peut-être de vouloir nuire à l'homme dont je venais de lui donner un vague signalement, et cette discrétion ne fit que me confirmer dans l'idée que Wax, à un moment quelconque, avait effectivement fréquenté cet établissement.

Et cette impression, je devais l'éprouver de nouveau à Kumzar. Mais avant d'en arriver là, il me faut retracer dans quelles circonstances je quittai Ras al-Khaimah pour franchir à pied la frontière entre les Émirats et le Sultanat d'Oman. Au cours de la dernière semaine du mois d'avril, la célébration de la journée de la Terre est marquée, à Sharjah, sous l'égide du Ladies Club, par le repiquage d'une quantité indéterminée de pétunias (principalement pourpres et mauves, à en juger par la photographie publiée le 24 avril dans la page « The Nation » du *Gulf News*). Devant la plage d'Ajman, un ressortissant russe succombe à son désir d'accéder aux mers chaudes, tandis qu'un autre n'échappe que de justesse à la noyade. Le même jour, l'émir d'Ajman – un émirat si petit et si dénué de ressources qu'en général personne n'y prête attention, à l'exception des Russes pratiquant le tourisme balnéaire –, l'émir d'Ajman, n'écoutant que son courage, rebaptise trois rues d'après les trois îles contestées d'Abou Moussa, de la Grande et de la Petite Tunb. De leur côté, les Iraniens ne restent pas inactifs. Le 25 avril, leur parlement examine un projet de loi instaurant une nouvelle province, dite du golfe Persique, qui inclurait les trois îles susnommées, plus celles de Qeshm, de Kish et de Lavan, et dont la capitale serait établie à Abou Moussa. Cependant que le contre-amiral Ali Fadavi, commandant des forces navales des pasdaran, souligne « l'importance stratégique des trois îles » pour son pays, et ajoute que « des forces et du matériel y ont été déployés », au cours des dernières semaines, afin de décourager toute velléité d'agression. Si improbable que paraisse une tentative des Émirats de s'en emparer de cette façon, on observe que ces derniers, de concert avec d'autres pays de la région, préparent des manœuvres destinées à tester la capacité de leurs forces à « mener des missions spéciales le long des côtes et dans les îles » situées à proximité. Dans le cadre d'une réunion – encore une – tenue à Abou Dhabi, la question de la « vulnérabilité des Émirats et de leurs infrastructures pétrolières face à des missiles balistiques » a été de nouveau évoquée. À cette occasion, Michael Elleman, l'« expert régional en sécurité de l'International Institute for Strategic Studies », exprime dans une interview accordée à *The National* des vues hétérodoxes, estimant que « si le stock iranien de missiles balistiques est effectivement le second dans la région, après celui d'Israël », il s'agirait en quelque sorte d'un tigre en papier : « Dans le meilleur des cas, insiste Michael Elleman, la probabilité d'une frappe précise sur un objectif stratégique tel qu'un pont ou une base aérienne est de l'ordre d'un pour cent, et, dans la réalité, plutôt d'un pour mille. » « Si bien que pour détruire une cible de ce genre, poursuit-il, l'Iran devrait tirer entre trois et huit cents missiles balistiques, ce qui excède ses capacités. » D'autres experts rappellent qu'en 1987, une attaque menée par l'Iran contre la station de pompage d'Al Ahmadi – mais était-ce avec des missiles balistiques ou par d'autres moyens, c'est ce que l'article de *The National* omet de préciser – avait réduit de 70 % les capacités d'exportations pétrolières du Koweit. Enfin le jour même où je quittai l'hôtel Ras al-Khaimah – avec d'autant plus de regrets que venaient de s'y établir deux jeunes Chinoises, vêtues de t-shirts et de shorts fluo très sexy, et telles qu'elles auraient vraisemblablement tenu les trois barbus éloignés de la piscine –, on inaugurait juste en face, en bordure de la mangrove, un nouvel hypermarché Lulu (apparemment le centième de son espèce), sous le patronage de son Altesse Sheikh Saud Bin Saqr al-Qasimi, Émir de Ras al-Khaimah, et en présence de son Altesse Sheikh Nahyan Bin Mubarak al-Nayhan, ministre de l'Éducation supérieure et de la Recherche scientifique, quels que soient les rapports que ces dernières entretiennent avec le commerce de détail. Il était 9 h 45 du matin (et l'inauguration devait battre son plein) lorsque je me suis présenté à la frontière. Depuis le taxi qui m'y conduisait, dont le chauffeur était originaire lui aussi de Peshawar, je venais d'observer pendant la traversée du village de Shams, sur le terre-plein d'une station-service nommée d'après Sindbad le marin, une vache solitaire en train de paître des sacs en plastique. Lorsque je me suis retrouvé à pied, traînant une valise à roulettes, pour franchir la frontière, j'ai remarqué que les officiers d'immigration omanais me considéraient avec plus d'indulgence que leurs homologues des Émirats. Quant aux cinq minutes de marche, environ, qu'il me fallut pour aller des uns aux autres, dans la poussière et sous un soleil de plomb, je les dédiai aux longs mois passés par Thesiger dans des conditions comparables.

Une fois le moteur coupé, la barque poursuit sur son erre, puis vient piquer du nez parmi les galets de la plage. Comme celles des pasdaran ou des contrebandiers, elle est équipée d'un puissant moteur hors-bord, et c'est en moins d'une heure qu'elle a couvert la distance séparant Khasab de Kumzar, dans un vacarme tel qu'il m'aurait empêché de communiquer avec le pilote quand bien même nous aurions disposé pour cela d'une langue commune. À l'aller, après avoir longé pendant une demi-heure les falaises nues et ocre du Musandam, éclaboussées de blanc partout où se sont établies des colonies d'oiseaux de mer, la barque s'est engagée dans l'étroit passage du Khawr al-Quway, entre la péninsule elle-même et cette île de la Chèvre

– Jazirat al-Ghanam – qui abrite une base de la marine royale omanaise : la présence de celle-ci n'étant guère perceptible, à divers signes tels que des constructions éparses, un ou deux minarets, des arbres dispensant un peu d'ombre ou quelques pièces d'artillerie emmaillotées dans des housses, qu'à la pointe nord-est de l'île, là où la barque, auparavant déventée, affronte désormais une mer hachée. Hachée et bouillonnante, brassée par des courants tournoyant autour de ce rocher d'al-Makhruq, détaché de la péninsule de Musandam, qui marque son point le plus au nord et donc le plus proche de la rive opposée. Mieux encore que sur la côte sud de l'île d'Hengam, c'est au sommet de ce rocher que Wax aurait pu s'installer, à l'ombre d'un parasol orientable, muni d'une paire de jumelles adaptée à la vision nocturne, et ravitaillé régulièrement en eau douce par une barque dans le genre de celle-ci, pour observer au fil de plusieurs mois ce qui se passait dans le détroit. Même avec une visibilité réduite, comme aujourd'hui, par l'habituel mélange de poussière et d'humidité, on y reconnaît à l'œil nu la silhouette vaguement esquissée d'un pétrolier, puis celle d'un gazier, engagés dans le rail sortant – le plus au sud – du dispositif de séparation du trafic. Un couple de balbuzards a élu domicile sur ce rocher, mais si Wax parvenait à se maintenir dans une immobilité parfaite, ils arriveraient peut-être à le supporter. En prenant pied sur le rivage de Kumzar, dans un silence presque complet – car il faut compter tout de même avec le bruit du ressac, les cris des oiseaux de mer ou le béguètement des chèvres –, je peux me représenter ce que durent éprouver environ cinq siècles plus tôt les premiers navigateurs portugais à faire de même, hébétés de chaleur, l'épée au côté et le chef coiffé d'une salade. Il me semble avoir lu quelque part qu'ils furent plutôt bien accueillis, d'abord par la force des choses, si le village n'abritait pas de garnison, et sans doute aussi parce qu'un nouveau maître, quel qu'il soit, a toujours le mérite, initialement, de vous débarrasser du précédent. En ce qui me concerne, je pourrais tout aussi bien imaginer que les habitants ont fui dans les montagnes à mon approche, car c'est sans rencontrer âme qui vive que je m'enfonce à travers les maisons basses du village – équipées pour certaines de climatiseurs, et pour la plupart d'antennes paraboliques –, sur un étroit sentier souillé de crottes de chèvre et de résidus domestiques, faisant s'écarter de mon chemin de maigres chats noirs, et lever des tourterelles elles-mêmes si menues, se confondant si bien avec le sol, que si elles ne volaient pas, d'ailleurs le moins possible, on pourrait marcher dessus sans s'en apercevoir. Puis je me retrouve dans un cul-de-sac où se sont apparemment rassemblés tous les animaux que j'ai fait fuir, les chèvres en particulier, au pied d'une falaise à laquelle sont adossés des poulaillers. De retour sur la plage, ayant croisé dans ce sens une poignée d'habitants – certains occupés à la réfection d'une maison avec des parpaings et du ciment importés de Khasab par voie de mer – qui ne me prêtent pas plus d'attention que si j'étais invisible, telle l'ombre d'un navigateur portugais son épée au côté et sa salade sur la tête, je remarque l'enseigne, Wahat Alkofa Trad Coffee-Shop, d'une boutique minuscule, disposant à l'extérieur de deux chaises en plastique moulé et d'un petit lavabo en porcelaine rose. À l'intérieur, deux tables, une vitrine réfrigérée contenant des boissons pétillantes, un comptoir derrière lequel sont alignés sur des étagères quelques produits de première nécessité, tels le Sloan's liniment ou le Jovan Sex Appeal for men. La boutique est tenue par un Indien de Calcutta – Wahat Alkofa, je présume – qui vit depuis cinq ans à Kumzar, et, si je comprends bien, a servi auparavant dans la police, qui occupe un peu plus loin sur le rivage une caserne imposante, reliée au village, comme l'école, par un chemin remblayé serpentant au pied de la falaise. Wahat Alkofa, si tel est en effet son nom, m'indique que pendant les mois les plus chauds, les habitants de Kumzar, pour la plupart, se retirent à Khasab (bien qu'il n'y fasse pas beaucoup plus frais), dans un quartier de la ville où ils vivent entre eux. Pendant que nous parlons de choses et d'autres, la main gauche de Wahat pétrit sur le comptoir un petit livre à la couverture plastifiée, souillée de ronds poisseux laissés par des boîtes de soda, dans lequel je n'ai aucun mal à reconnaître l'un de ces guides ornithologiques que Wax m'a fait découvrir, et dont je n'aurais jamais cru qu'ils puissent intéresser quelqu'un d'autre.

Dans l'attente de nouvelles instructions qui vraisemblablement n'arriveraient jamais, et après l'échec prévisible de ma mission auprès de l'émir de Sharjah, que pouvais-je faire, à Khasab, sinon tuer le temps? Par exemple, et afin de complaire encore à ce caprice de Wax, en poursuivant l'inventaire de toutes les choses, des plus infimes aux plus majestueuses, susceptibles d'être décrites, chacune dans sa catégorie, comme la plus proche du détroit d'Ormuz. Tâche d'autant plus immense, à Khasab, que la ville elle-même – à égalité avec Bandar Abbas – présente cette particularité, et donc aussi la plupart des choses qu'elle contient. Ainsi du distributeur automatique de billets installé dans le tout nouveau supermarché Lulu, celui qui vient d'ouvrir, près du port, sur un terrain remblayé, tant il est vrai que les Émirats n'ont pas le monopole de cette technique. Distributeur de billets dont je peux garantir qu'il est non seulement le plus proche du détroit mais également le seul, dans toute la ville, à être approvisionné régulièrement. Quant au fort portugais, il abrite dans l'une de ses tours une colonie de perruches à collier – comme on peut s'en assurer à l'aube et au crépuscule, les deux moments de la journée où ces oiseaux sont le plus actifs –, et dans une autre un petit musée. Or si rien ne permet d'affirmer que le fort de Khasab est l'édifice de ce genre le plus proche du détroit, compte tenu des ouvrages comparables édifiés par les Portugais sur les îles d'Hormoz, de Qeshm ou de Larak, on peut le dire en revanche, sans crainte d'être démenti, de sa colonie de perruches à collier, et sinon du musée lui-même – puisqu'il s'en trouve un autre, bien qu'encore plus modeste, dans le fort de l'île d'Hormoz –, de la pièce la plus remarquable de ses collections, un spécimen empaillé de léopard des neiges qui est non seulement, sans conteste, le plus proche du détroit d'Ormuz, mais le seul de son espèce dans toute la région : à moins, naturellement, qu'il n'en subsiste à l'état sauvage, mais aucune observation récente ne permet de corroborer cette hypothèse.

Aussi n'était-ce pas dans l'espoir d'apercevoir un léopard des neiges qu'avec Abdullah nous avions entrepris l'ascension – dans un véhicule à quatre roues motrices – du Jebel Harim, la plus élevée, avec ses 2 087 mètres d'altitude, parmi les montagnes les plus proches du détroit d'Ormuz (le Kuh-e Genu, qui domine Bandar Abbas, surpasse le Jebel Harim de près de 300 mètres, mais il est plus éloigné du détroit que le précédent). Abdullah était l'assistant de ce loueur de voitures, Abou Sultan, qu'à la demande de Wax, et dans la mesure où il disposait également de quelques petites embarcations – dont celle à bord de laquelle je m'étais rendu à Kumzar –, j'avais pressenti pour l'aider dans sa tentative. Quant au Jebel Harim, il porte à son sommet un radome, ou une coupole, qui se voit de Khasab quand la transparence de l'air le permet, et dont j'imaginais qu'il abritait le radar (la mère de tous les radars) contrôlant la navigation dans le détroit d'Ormuz. Ainsi quiconque s'emparerait de ce radar, me disais-je, s'assurerait du même coup la maîtrise de 20 à 25 % des flux d'hydrocarbures irriguant l'économie mondiale, et particulièrement la composante asiatique de celle-ci. C'était une tentation, je dois le reconnaître, à laquelle sans doute il m'aurait été difficile de résister si, à ce moment-là, j'avais eu sous la main une petite troupe d'hommes en armes. Alors que nous approchions du sommet, découvrant de temps à autre, au hasard des divagations de la piste, des vues à couper le souffle sur ces bras de mer qui de tous côtés entaillent la péninsule de Musandam, et font de celle-ci un véritable cauchemar de cartographe, Abdullah se souvint de l'avoir vu quelques années auparavant, ce sommet, couvert de neige, comme cela doit se produire deux ou trois fois par siècle. Du moins les léopards des neiges, avant qu'on les eût exterminés, avaient-ils eu quelquefois le loisir de côtoyer cet élément d'où ils tiraient leur nom, et d'y laisser pour quelques heures l'empreinte de leurs pattes. Pour quelques heures, car il était difficile d'imaginer que la neige, quand il y en avait, pût se maintenir plus longtemps. En cette journée de la fin du mois d'avril, la chaleur y était à peine moindre que deux mille mètres plus bas, et le paysage d'une telle âpreté minérale, si anguleux, si coupant, que l'on hésitait à y porter la main, pour se saisir d'un fossile – car il s'y trouvait un peu partout des fossiles – ou décrire les contours d'une gravure rupestre, car elles abondaient également. Des frelons gros comme le petit doigt y volaient çà et là, vrombissants, et de même des hirondelles, mais il paraissait impossible, et peu souhaitable, que les secondes succombent à la tentation de se nourrir des premiers, même s'il y avait sur eux de quoi manger. Le radome était entouré d'une enceinte, incluant une installation militaire, et donc inatteignable à moins d'escalader celle-ci ou d'y pratiquer une brèche (je note ces précisions pour ceux qui envisageraient de s'en emparer). Dans la descente vers Diba, sur la gauche, à un ou deux kilomètres, peut-être, du sommet, un graffeur héroïque avait peint en grandes lettres blanches, qui se détachaient bien sur un support rocheux couleur de pain brûlé, ces trois mots d'une tonalité mélancolique : No more love. Il était étrange de penser que quelqu'un – quelqu'un de passage, puisqu'il s'exprimait en anglais – s'était donné tant de mal pour faire part au monde, dans un lieu aussi retiré, d'une réflexion aussi banale, ou même simplement pour défier, ou maudire, sa petite amie. Dans la soirée, après que le soleil eut disparu derrière l'éperon rocheux du Ras Shaykh Masud, restaurant à Khasab une température supportable, Abdullah m'a emmené me promener le long de cette plage qui s'étend à l'entrée ouest de la ville, celle que j'avais empruntée le jour de mon arrivée. Quelques gros boutres de pêche ou de commerce étaient mouillés au large, à l'abri du cap susnommé, comme il advient souvent lorsqu'un coup de vent rend les eaux du détroit incertaines, et plus à l'est, à l'extérieur des jetées protégeant le port de Khasab, une quinzaine de barques équipées de moteurs hors-bord étaient rassemblées, chargées d'énormes ballots de contrebande, qui un peu plus tard, quand le soleil aurait pour de bon disparu, appareilleraient toutes ensemble, dans un grand jaillissement d'écume, vers la côte sud de l'île de Qeshm, là où dans quelques mois je verrai des barques du même genre, ou peut-être celles-ci, débarquer leur cargaison en plein jour et presque sous le nez de la police.

En fin d'après-midi, et plus particulièrement le jeudi soir, veille de jour férié, la plage de Khasab accueille un public nombreux, et familial. Une fois de plus, ce sont surtout des hommes qui se baignent – ou qui chevauchent bruyamment des scooters marins – bien que quelques femmes s'y risquent aussi, tout habillées. Beaucoup d'Omanais ou d'Indiens, d'autre part, semblent avoir emprunté aux Anglais cette étrange habitude de contempler la mer du fond de leurs voitures (le plus souvent des Toyota à quatre roues motrices), celles-ci régulièrement alignées le long du rivage et perpendiculairement à ce dernier. Tandis que nous marchions sur le sable, Abdullah, désireux d'améliorer sa connaissance de nos mœurs (tout comme un peu plus tôt, alors qu'il conduisait sa mère à l'hôpital pour une simple visite, j'avais moi-même voulu savoir pourquoi il s'était abstenu de nous présenter l'un à l'autre), Abdullah m'a demandé tout d'abord si nous mangions plus volontiers du riz ou des patates, puis s'il était exact qu'un jour de l'année, en France, fût dédié spécialement à ce légume, à quoi je lui répondis, comme vous l'auriez fait à ma place, que non, c'était même une des rares choses, une des dernières – mais peut-être plus pour longtemps – à ne pas faire l'objet d'une journée de célébrations. (Le lendemain de cette promenade, un vendredi, jour de la prière, « dix hommes en civil de la Sécurité d'État », pouvait-on lire dans le *Times of Oman* daté du 30 avril, « se sont engouffrés dans une mosquée de Ras al-Khaimah, à l'issue du prêche, pour s'y emparer de Saleh al-Dhufairi, responsable de la Fondation du Saint-Coran ». Puis ils l'ont embarqué vers une destination inconnue à bord d'un véhicule dépourvu de signes distinctifs, sous les yeux de son fils, et peu après la police de Ras al-Khaimah, interrogée par ce dernier, a répondu qu'elle ignorait tout de cette arrestation.)

À mon avis, l'homme qui était assis ce jour-là, peu avant le coucher du soleil, sur le pont découvert du ferry *Shinas*, vêtu d'un t-shirt bleu marine aux armes de la compagnie et son walkie-talkie posé à côté de lui sur un banc, cet homme s'interrogeait sérieusement, au moment où j'ai croisé son regard, sur l'opportunité de se jeter à l'eau, la vitesse du navire, proche de 50 nœuds, et la visibilité déclinante, ne lui ménageant, s'il sautait, que des chances infimes de survie. Peut-être était-il las (à la fin) de passer le détroit d'Ormuz, au rythme de plusieurs fois par semaine, à bord de ce ferry rapide assurant une liaison régulière entre Khasab et Mutrah, le faubourg portuaire de Mascate. Cependant qu'il hésitait, avant de renoncer et de regagner le salon climatisé du ferry, quelques croyants se prosternaient sur le pont découvert, y ayant auparavant déployé leurs tapis de prière. S'ils avaient été plus nombreux, un problème de place aurait pu se poser, car cet espace extérieur était d'une superficie très réduite, ainsi qu'il est d'usage sur des navires de ce type. Et la vue qu'il ménageait, d'autre part, était décevante, car à cette vitesse, à peine avait-on repéré les remous engendrés par quelque grand poisson, ou par un cétacé, qu'ils avaient disparu dans le sillage. C'est ainsi qu'une fois de plus je n'avais rien vu pendant le passage du détroit, sinon quelques boutres de pêche, le souffle lointain d'une baleine, et la silhouette estompée d'un pétrolier de taille moyenne, l'*Antares Star*, engagé dans le rail sortant du dispositif de séparation du trafic, et précédé par un autre, plus grand, dont je n'étais pas parvenu à lire le nom. Auparavant, dans les dernières heures de mon séjour à Khasab, Abdullah avait tenu à me faire visiter un entrepôt où des gens de sa connaissance préparaient des ballots de tissu, ou d'autres produits de contrebande, destinés à être chargés le jour même sur l'une de ces petites embarcations dont les mouvements d'une rive à l'autre, perpendiculaires à ceux des pétroliers ou des navires de guerre, rythment la vie du détroit avec la régularité d'un mécanisme d'horlogerie. Et à l'heure où le ferry avait appareillé, vers le milieu de l'après-midi, plusieurs dizaines d'entre elles étaient amarrées à des pontons surchargés de ces mêmes ballots de marchandises, sans que l'on vît personne s'activer autour d'elles, ou même les surveiller, la température qui régnait à ce moment de la journée dissuadant de tout effort inutile. À Mutrah, que le ferry n'atteignit qu'après la tombée de la nuit, je me suis installé dans un hôtel bon marché donnant sur le port, et dont c'étaient les deux seules qualités. Pour le reste, il s'agissait manifestement d'un boxon – mais encore fallait-il y séjourner pour s'en apercevoir –, dont la clientèle, composée en grande partie d'hommes vêtus de shalwar kameez, et que pour cette raison j'identifiai comme pakistanais, commençait par se mettre en train dans l'une des deux boîtes – car il y en avait deux, situées à des niveaux différents de l'établissement – où elle était accueillie par des danseuses un peu grasses, s'agitant en mesure, bien que sans conviction, aux accents d'une musique dont les basses ébranlaient sur un rythme binaire toute la fragile structure de l'immeuble, puis la soirée, ou plutôt la nuit, se poursuivait à grand bruit dans les chambres, pour les plus heureux, ou les plus fortunés, et cela jusqu'à ce que les premières lueurs du jour éclairent la baie de

Mutrah. Enfin bref, cet hôtel, le Miramar, n'était pas un séjour idéal pour quiconque envisageait simplement de dormir. Peut-être la découverte de sa vocation bordelière m'a-t-elle aidé à supporter la décoration de ma chambre, dont je n'avais pas compris, tout d'abord, pourquoi elle était entièrement revêtue de matières pelucheuses, qui prenaient la poussière et dispensaient une sensation d'étouffement plus qu'elles ne procuraient une véritable isolation sonore, outre que leurs teintes mauves évoquaient les pompes funèbres plutôt que les plaisirs du sexe, tout comme ces fleurs artificielles, également mauves, et disposées dans des urnes, que je m'étais empressé de faire disparaître. Du moins le Miramar était-il bien situé, comme je l'ai dit plus haut, en bordure de la baie et près de l'entrée du port. Tout au long de cette baie, étroitement contenue entre des promontoires rocheux, couronné pour l'un d'eux par une forteresse, une promenade était aménagée, décorée à intervalles réguliers de kiosques au toit doré et de sculptures ichtyomorphes. Et lorsqu'elle était accessible, c'est-à-dire en dehors des heures les plus chaudes de la journée, cette promenade permettait d'observer combien les eaux du port étaient fertiles, bien que polluées : juste en dessous du garde-corps, dans un mètre d'eau tout au plus, on voyait évoluer des bancs de poissons minuscules, regroupés en essaims affectant plus ou moins la forme d'un turban et tourbillonnant inlassablement sur eux-mêmes, comme des toupies, afin de se protéger des aiguillettes au dos bleu-vert qui croisaient quant à elles en surface, et à quelque distance un couple de hérons dériver sur un îlot flottant d'immondices. En fin de journée, des mainates, presque toujours par paires, survolaient la baie en diagonale, se hâtant et jacassant comme s'ils venaient de se rappeler qu'ils avaient oublié quelque chose sur le feu et s'accusaient mutuellement de cette négligence. Le vendredi 4 mai – une date mémorable, car le restaurant de l'hôtel devait ce jour-là se passer de cuisinier, et le serveur tibétain m'avait dès le matin causé une vive déception en m'annonçant que je serais privé d'œufs au plat : « no cook today, only boiled eggs » –, en suivant dans la soirée cette promenade, je constatai que le quai du terminal croisières, celui le long duquel le *Cassard* avait été amarré (et auparavant le *Kharg* et l'*Alvand*, les deux premiers navires iraniens à se déployer en Méditerranée depuis la révolution islamique), était occupé maintenant par un destroyer américain, le *Sterret*, de la classe Arleigh Burke. L'escale du *Sterret*, détaché du groupe aéronaval du porte-avions *Abraham Lincoln*, était environnée des précautions habituelles, et un rempart de conteneurs avait été érigé sur le quai afin de le protéger de ce côté. Un an plus tôt, ce destroyer avait essuyé dans l'océan Indien le feu – modeste – de pirates somaliens qui détenaient, avant de les abattre, deux couples d'otages américains, et c'est en consultant mes notes au sujet de cet incident, de retour à l'hôtel, que je tombai dans ma documentation sur une note plus ancienne, inspirée par une conversation avec Wax, me rappelant que ce 4 mai 2012 marquait le trentième anniversaire de la perte du *HMS Sheffield*, pendant la guerre des Malouines, consécutivement à l'impact d'un missile Exocet. Wax, dont j'ai déjà souligné l'intérêt qu'il portait à la guerre navale (ou à la dimension navale de la guerre en général), m'avait fait observer que le *Sheffield* était jusqu'à ce jour l'un des rares navires à avoir connu un tel sort en dehors du golfe Persique, de très loin l'endroit du monde où le plus grand nombre d'embarcations de toutes sortes et de toutes dimensions, civiles ou militaires, ont été détruites ou endommagées par des missiles (et le seul, à ma connaissance, où des navires américains ont été engagés dans des combats mettant en œuvre ce type d'armements : l'un d'entre eux, peu glorieux, étant celui lors duquel le croiseur *USS Vincennes*, le

3 juillet 1988, avait abattu de deux missiles un appareil d'Iran Air assurant un vol régulier entre Bandar Abbas et Dubaï, causant la mort de ses 274 passagers et des 16 membres de son équipage). Ce qu'il savait de la destruction du *Sheffield*, Wax, qui professait le plus grand scepticisme à l'égard des informations disponibles sur Internet, l'avait trouvé pour l'essentiel dans un livre, *One Hundred Days*, dont l'auteur n'est autre que l'amiral Woodward, le commandant de l'armada britannique déployée dans l'Atlantique Sud à l'occasion de la guerre des Malouines. En dépit de son anglophilie, Wax avait été choqué, à la lecture du livre de Woodward, tant par la sécheresse, ou la distance, affichée par celui-ci vis-à-vis de la destruction du *Sheffield* et des pertes humaines qu'elle avait entraînées – « je ne pouvais, écrit assez maladroitement l'amiral, laisser la perte de ce destroyer dominer ma vie » –, que par son refus de saluer, comme l'aurait fait à sa place un auteur plus chevaleresque, le courage manifesté au cours de ce conflit par certains pilotes argentins, tel que l'un d'entre eux, par exemple, aux commandes d'un Skyhawk, avait en l'attaquant survolé un navire britannique d'assez près pour lui arracher ses antennes. C'était le genre de choses qui suscitait chez Wax une émotion que, parfois, j'étais très loin de partager.

À vingt-quatre heures près, le bal de l'escadrille tombait en 2012 le jour le plus long de l'année. Mais de quelle escadrille ? Celle des sous-marins nucléaires d'attaque, dont la base occupe à Toulon le périmètre le mieux protégé de l'arsenal. Or nous étions invités, Wax et moi, à ce bal de l'escadrille, et au cocktail qui le précédait, par les soins de deux officiers du *Cassard* – le bateau étant revenu à Toulon entre-temps – avec lesquels nous nous étions liés d'amitié à la faveur de notre passage du détroit (l'un des deux, le comops – pour commandant adjoint opérations – était celui qui avait manifesté le plus d'enthousiasme, lors de notre baignade sur une plage omanaise, pour la collecte de petits galets aux formes régulières, dont il avait tapissé par la suite le plancher de sa douche). C'était cet officier (l'amateur de galets) qui avait attendu Wax à la gare de Toulon, le vendredi 22 juin à 18 h 39, pour le conduire à l'arsenal, cependant que je m'y rendais par mes propres moyens. Un peu plus tard, nous nous sommes retrouvés, Wax et moi, dans les « jardins de l'escadrille », un espace aménagé le long d'un quai perpendiculaire à celui où étaient amarrés les sous-marins, et que devaient égayer quelques palmiers en pot, bien que je n'aie pas conservé un souvenir précis de ces détails. Comme je l'avais observé en d'autres circonstances, Wax semblait enchanté de se retrouver dans cet environnement. Quant à moi, j'y éprouvais le même sentiment d'étrangeté – de bienveillante étrangeté – que lors de mon séjour à bord de la frégate, ou des quelques moments que j'avais passés, à Paris, dans les locaux de l'École militaire, afin d'améliorer mes propres connaissances au sujet de la guerre navale asymétrique. Et ce sentiment de bienveillante étrangeté, je l'éprouvai encore pendant la deuxième partie de la soirée, tandis que Wax s'appliquait à danser, avec de jeunes épouses d'officiers – officiers dont certains commandaient par roulement des sous-marins nucléaires d'attaque, et d'autres non – ce que l'un d'entre eux qualifiait lui-même de « rockbon-genre », soit une version un peu désincarnée, ou expurgée, de la danse dont il était inspiré. Mais sans doute Wax aurait-il été moins à son aise avec un rock'n'roll plus sauvage. Vers minuit, à l'heure où nous aurions certainement préféré, l'un et l'autre, nous retrouver en meilleure compagnie, pour célébrer cette nuit la plus courte de l'année (à un jour près), c'est ensemble que nous nous sommes acheminés dans l'obscurité vers le *Cassard* – trébuchant en chemin (la vue qui baisse) sur des pavés disjoints ou de vieilles aussières –, à bord duquel il était convenu que nous logerions dans l'attente de la « journée des familles » qui devait se dérouler le lendemain. Et c'est ainsi que nous avions dormi tous les deux, brièvement, dans la cabine – le « poste » – que j'avais quelque trois mois plus tôt partagée avec un aumônier militaire, sauf que je m'arrangeai cette fois pour laisser Wax occuper la couchette supérieure, des deux la plus malcommode d'accès pour quiconque n'a pas l'habitude de mettre le pied sur une échelle. Wax était taciturne. Il se refusait toujours à me dire comment il avait employé les premières semaines du mois d'avril – ou ce qu'il faisait, de son côté, le jour où Ahmadinejad s'était rendu en visite sur l'île d'Abou Moussa –, et il n'avait admis que de mauvaise grâce, à cause de ce guide ornithologique malencontreusement oublié, avoir séjourné quelque temps à Kumzar, chez l'épicier originaire de Calcutta, afin, prétendait-il, de s'entraîner un peu sérieusement à la natation dans le détroit. Apparemment, cet exercice n'avait été qu'à demi concluant. Lors d'une tentative pour rejoindre l'îlot d'al-Makhruq à la nage, Wax s'était heurté à des courants qui avaient failli l'emporter, et, s'il avait atteint finalement le rocher, c'était dans un tel état d'épuisement, et si éprouvé par les périls qu'il venait d'affronter, qu'il s'y était endormi aussitôt profondément, sous l'œil indifférent – du moins je le présume – du couple de balbuzards, jusqu'à ce qu'il soit réveillé par la fraîcheur très relative de la nuit (cette image de Wax endormi sur son rocher, sous l'œil des balbuzards, me faisait penser à certaines représentations picturales de Prométhée enchaîné, mais je m'abstins de le lui faire remarquer). Dans l'obscurité, il n'était évidemment pas question de tenter de regagner Kumzar à la nage, d'autant que Wax, s'il ne voyait pas grand-chose, à l'exception tout de même des feux de position de quelques navires en mouvement dans le dispositif de séparation du trafic, entendait mugir sourdement le courant qui avait failli l'emporter. Un peu avant l'aube, alors qu'il avait sombré à nouveau dans le sommeil – un sommeil agité, me dit-il, et dans lequel il avait rêvé de très grands chiens, innombrables, et d'une coloration uniformément jaune, en train de laper avec frénésie, comme s'ils avaient voulu l'épuiser, l'eau de la mer qui s'étendait de tous côtés –, il avait été réveillé, cette fois, par le bruit d'une vedette, appartenant sans doute à la marine royale omanaise – il se souvint alors de la demande qu'il avait faite, auprès du colonel al-Abri, d'embarquer sur une vedette de ce genre, et qui était restée sans réponse –, qui passait à vive allure à peu de distance du rocher, et il avait craint, si sa présence était découverte, d'être arrêté (alors qu'il n'était vêtu que d'un short, et évidemment dépourvu de toute pièce d'identité attestant de sa bonne foi) et détenu longuement sur l'île de la Chèvre, comme avant lui ce navigateur français, dont nous tairons le nom, qui avait eu la malchance d'échouer son trimaran sur le rivage de celle-ci. Au cours de la matinée, l'épicier, qui s'était inquiété de sa disparition, et qu'il avait auparavant informé de sa destination, était venu le chercher, à bord de la barque à moteur dont il disposait pour son commerce, et c'est alors, semble-t-il, qu'avait germé dans l'esprit de Wax, convaincu désormais de la démesure de son projet, l'idée de le simplifier, ou de le ramener à des dimensions plus modestes, en se faisant transporter de cette façon sur la plus grande partie de la traversée. Évidemment, il pouvait sembler plus raisonnable, et plus digne, de renoncer purement et simplement, mais Wax m'assura qu'il trouvait moins déshonorant, à tout prendre, de tricher que de déclarer forfait, outre qu'il prétendait avoir déjà dépensé beaucoup d'argent pour ce projet : « Ne serait-ce, ajouta-t-il de manière assez déplaisante, que les émoluments que je vous verse, et les frais de vos déplacements. »

Lorsque de très bonne heure, après cette courte nuit passée dans deux couchettes superposées, nous nous sommes présentés pour le petit déjeuner au carré commandant, il ne s'y trouvait encore que les trois enfants, extrêmement bien élevés, d'un colonel qui présidait alors aux destinées du 93e régiment d'artillerie de montagne, avec lequel le bateau était jumelé. Puis survint le colonel lui-même, suivi du commandant du *Cassard*, et, petit à petit, de la plupart des officiers que nous avions connus lors du passage du détroit, à l'exception toutefois du commandant adjoint machine, le « chef », qui de tous était le seul que j'avais entendu, à l'occasion de cette randonnée dans la montagne omanaise, citer plusieurs fois des poètes, et Rimbaud en particulier (*Le Sonnet des voyelles*, dont il s'était efforcé d'éclairer la signification pour le médecin du bord). À l'issue de la « journée des familles », le *Cassard*, après une sortie en mer de quelques heures, étant de retour à quai, alors qu'avec Wax, seuls de nouveau, nous marchions vers l'entrée de l'arsenal, traversant en chemin, sur un terre-plein planté de lauriers-roses et de pins maritimes, de longs alignements de véhicules blindés tout juste rapatriés d'Afghanistan – véhicules dont le spectacle, conjugué à celui du peu de navires qui étaient amarrés dans l'arsenal, inspira à Wax des réflexions désabusées, auxquelles je refusai de m'associer, sur le déclin de notre puissance militaire –, nous avons été rejoints par le chef, qui regagnait sa voiture, après être resté caché toute la journée, et qui proposa de nous déposer à la gare. Décidément poète – comme l'attestait aussi son retrait lors de la « journée des familles » –, le chef exprima sa nostalgie d'une époque révolue, lorsque les navires à bord desquels il servait faisaient encore de longues escales inutiles dans des ports dépourvus de toute importance stratégique. Il manifesta d'autre part son scepticisme à l'égard des louanges que les Américains avaient décernées à l'état-major du *Cassard* – et dont les autres officiers faisaient grand cas –, après que celui-ci eut escorté le porte-avions *Enterprise* lors de son passage du détroit, et qui selon lui ne pouvaient masquer le fait que le bateau avait des années de retard sur les leurs, et s'essoufflait d'ailleurs à les suivre (ce qui allait dans le sens des réflexions désabusées de Wax sur le déclin de notre puissance militaire), le chef estimant quant à lui que ces mêmes Américains, toute bienséance mise à part, considéraient en réalité notre marine, et sa contribution à leurs entreprises dans le Golfe, à peu près comme nous considérions celle des Pakistanais. Puis nous étions montés dans le train pour Paris, Wax, privé de la compagnie du chef, s'efforçant sans succès de reprendre la conversation au point où la disparition de celui-ci l'avait laissée.

À peine y est-il installé que deux chats, l'un et l'autre de très petite taille, essaient de s'introduire dans la chambre que l'ambassade a mise à sa disposition (en même temps qu'un téléphone portable qui chaque matin, quand il l'ouvre, le salue bizarrement en ces termes : « Cécile, how are you today ? »). Wax aime les chats – et plus généralement les animaux de compagnie –, mais on lui a expressément recommandé de n'en laisser aucun pénétrer dans la Résidence, dont ils ont déjà envahi le jardin, aussi doit-il les repousser, à regret, et leur fermer la porte au nez. Autant qu'il puisse en juger, cette chambre – d'ailleurs baptisée la « suite ministérielle » – est la plus spacieuse, et la plus belle, parmi celles où l'ambassade loge ses hôtes de passage : Wax est d'autant plus sensible à ce privilège que généralement son projet de traverser le détroit d'Ormuz à la nage lui attire plutôt des rebuffades. Il est vrai que, dans ce cas, il s'est abstenu d'en faire état, et s'est présenté mensongèrement comme un chercheur recueillant des informations sur le détroit. S'agissant des chats, Wax se dit que, tout compte fait, il n'est pas mécontent d'avoir un prétexte pour les tenir à distance, car il n'est guère douteux que sans cela ils auraient pissé partout, et perturbé de diverses façons la quiétude de ce séjour. Par exemple en se glissant sous le tapis, si vaste, et si épais, qu'en dépit de ses efforts il n'est jamais parvenu à en effacer tous les plis. Au sud, la chambre donne sur ce jardin où les chats se sont multipliés, et dont il observe, par la fenêtre entrouverte, qu'il est planté principalement de platanes à feuilles d'érable, et secondairement de peupliers, ainsi que d'une variété de conifères dont le nom lui est inconnu : peut-être des pins, tout simplement. Au lever du jour, comme dans une moindre mesure au crépuscule, quantité d'oiseaux s'y ébattent, dont les plus bruyants sont les corneilles et les perruches à collier. (Au sujet de ces dernières, l'ambassadeur pense qu'il s'agit d'une espèce introduite – donc d'oiseaux de cage échappés –, tandis que Wax, de

son côté, incline plutôt pour une espèce endé-
mique.) Plus tard dans la matinée, Wax entend les
jardiniers bavarder, pendant qu'ils tondent la
pelouse ou désherbent les plates-bandes, dans une
langue dont il ne comprend pas un mot mais qui
sonne agréablement à son oreille. Allongé sur le lit
– l'un des plus larges où il ait jamais dormi –, Wax
fait des sauts de carpe afin d'en éprouver de nouveau la moelleuse résistance : à la fois ferme et
souple, juste comme il convient. Il se demande si
des ministres y ont dormi, comme l'appellation de
cette chambre le suggère, et, si oui, quels ministres.
Il passe en revue quelques noms, se disant qu'il n'y
en a guère qu'il aurait aimé rencontrer. Peut-être
un ou deux, quand même, il ne faut rien exagérer.
Mais l'arrogance que lui a témoignée le ministre de
la Défense, lors de leur entrevue fortuite, à Doha,
lui est restée en travers de la gorge, et il essaie, sans
y parvenir, de se rappeler dans quelles circonstances précises, longtemps auparavant, il aurait
échangé avec lui des coups de manche de pioche.
Dans le même ordre d'idées, Wax remarque que
sur sa table de chevet sont disposés un casque de
chantier en plastique blanc – du même type que
celui qu'il portait, dans la seconde moitié des
années soixante, à l'occasion de manifestations

appelées à dégénérer –, un sifflet à roulette et une lampe de poche avec des piles de rechange, l'ensemble constituant vraisemblablement un kit antisismique de première urgence. Malgré tout, si le magnifique lustre doré suspendu au plafond – pour ne rien dire de ce plafond lui-même – en venait à lui tomber sur la tête, ce casque ne lui serait sans doute pas d'un grand secours (peut-être le sifflet ? pour guider les sauveteurs dans les décombres ?). Wax se fait la réflexion que son expérience, en ce qui concerne les tremblements de terre, est limitée : tout juste une longue secousse, il y a plus de trente ans, dans la région des Grands Lacs, au Congo, secousse qui s'était propagée à travers la brousse, dans un grondement de tonnerre, sans rien rencontrer qu'elle pût engloutir ou briser. Mais quelle belle mort, tout de même, s'il devait la trouver parmi les ruines de notre ambassade à Téhéran, au milieu des perruches à collier et des chats errants ! Et que d'épreuves lui seraient épargnées ! La seule chose qui lui manque, dans cette chambre, c'est de la lecture : car l'unique livre qu'il ait emporté, celui de Joseph Conrad, il tient à le conserver pour plus tard, quand les choses sérieuses auront commencé. En désespoir de cause, il a emprunté dans la bibliothèque de la Résidence un ouvrage savant, publié en 1998 par l'Institut français de recherche en Iran et intitulé *La Genèse du roman persan moderne* : ouvrage qui, par la présentation détaillée qu'il en fait, lui épargne la lecture de quantité de livres qu'il n'aurait de toute façon jamais lus. Sur sa tablette électronique, d'autre part, Wax prend connaissance de l'exercice de guerre des mines – International Mine Countermeasures Exercise – qui mobilise en ce moment dans la région, sous la conduite de la marine des États-Unis, des navires ou des effectifs « appartenant à plus de trente pays », s'il faut en croire le lieutenant Greg Raelson, porte-parole de la 5ᵉ flotte à Manama. De son côté, le contre-amiral Ali Fadavi, chef d'état-major de la marine des pasdaran, déclare que celle-ci vient de procéder avec succès à de nouveaux tests de missiles antinavires : missiles auxquels il n'aura fallu que « cinquante secondes » (dix de plus et ça faisait une minute) pour envoyer par le fond une « cible navale de la taille d'un navire de guerre ». La routine, en somme, de part et d'autre. Ce qui sort un peu de l'ordinaire, parmi les nouvelles qu'il consulte, c'est l'audience accordée par le président Ahmadinejad à un visiteur américain du nom de Merlin Miller, qui se présente comme cinéaste, ancien élève de l'académie militaire de

West Point et candidat à la prochaine élection présidentielle sous les couleurs de l'American Third Position Party. En vérité, l'activité principale de Miller consiste à démasquer des complots sionistes – sans doute la société de production de films qu'il dirige est-elle mêlée d'une manière ou d'une autre à la réalisation de ce clip sur l'ultime déploiement de l'*USS Enterprise* –, et c'est à ce titre qu'avant d'être reçu par Ahmadinejad, il était l'hôte du 12e « festival du film de résistance et de révolution » qui s'achève en ce moment même à Kerman, dans le sud de l'Iran. À l'issue de son entretien avec Miller (lequel a duré vingt minutes, soit le temps, pour les nouveaux missiles équipant la marine des pasdaran, de couler vingt-quatre navires de guerre), Ahmadinejad lui aurait offert une édition des *Rubayat*, d'Omar Khayyam, revêtue d'une dédicace de sa main. Bon. Et voici qu'à la télévision, le même Ahmadinejad fulmine maintenant contre le complot international qui, d'après lui, serait à l'origine de la chute vertigineuse dans laquelle la monnaie iranienne est entraînée. Dans un demi-sommeil, Wax observe que quand il porte des lunettes, le président iranien présente avec Robert De Niro une ressemblance peut-être discutable, mais suffisante, à son avis, pour permettre au second de jouer le rôle du premier dans un biopic qui lui serait consacré, et dont Miller serait le producteur. Puis il s'habille, ou du moins il remet ses chaussures – plis du tapis, efforts pour les effacer à coups de talon – avant de sortir de la Résidence, il s'incline au passage devant les flics iraniens qui en assurent la surveillance – mieux vaut s'en faire bien voir, on ne sait jamais –, il traverse la rue Nofel-Loshâto, après avoir pris soin de regarder des deux côtés, et il va dîner seul, juste en face, à la terrasse de ce restaurant arménien, ceinte de hauts murs, qui par la sobriété de sa décoration s'apparente à un parking de HLM, bien qu'elle comporte tout de même une plate-bande dans laquelle un chat roux, privé de queue, est occupé à fouir comme s'il s'attendait à y trouver des œufs de tortue.

À peu près dans le temps où le sous-marin *Tareq 931* (de la classe Kilo) sortait de carénage, s'il faut en croire l'agence Fars, je marchais quant à moi le long du boulevard Imam-Khomeiny, cette artère qui d'est en ouest, parallèlement à la mer et un peu en retrait de celle-ci, traverse la plus grande partie de Bandar Abbas. Passé la place Shohada (des Martyrs), le boulevard change de nom pour adopter celui de Pasdaran, et c'est sous ce patronage que quelques kilomètres plus loin il dessert l'entrée principale de Bandar-e Shahid Bahonar – le port du martyr Bahonar –, ce dernier abritant, outre le sous-marin *Tareq*, la plus grande partie de la marine régulière iranienne, et conjointement une base importante de celle des Gardiens de la révolution. Au-delà, si l'on poursuit en direction de l'ouest, le boulevard devient une autoroute acheminant le trafic en provenance ou à destination de Bandar-e Shahid Rajayi – le port du martyr Rajayi –, dont la vocation commerciale est attestée par des alignements de portiques à conteneurs. Toutefois lorsque j'avais quitté l'hôtel Hormoz, à pied, pour emprunter sur la gauche le boulevard Imam-Khomeiny, l'objectif que je m'étais fixé n'était pas le port du martyr Bahonar, ni a fortiori celui, encore plus éloigné, du martyr Rajayi, mais plus modestement, et plus conformément à mes capacités, un petit musée d'histoire locale abrité dans un bâtiment assez laid, que signalait de loin un drapeau iranien de taille considérable, situé du côté droit du boulevard Pasdaran, un kilomètre ou deux après la place Shohada qui marque le début de celui-ci. Ce musée, je ne me l'étais d'ailleurs fixé pour objectif que sur la foi d'un renseignement erroné, car celui que je voulais effectivement visiter était dédié à l'histoire naturelle et se trouvait dans une tout autre partie de la ville. Dans celui-ci, pas le moindre animal empaillé – alors que j'espérais découvrir à Bandar Abbas un spécimen de léopard des neiges faisant la paire avec celui de Khasab, de manière à établir que cette espèce avait été présente sur les deux rives du détroit, comme invite à le penser la ressemblance entre le mont Kuh-e Genu et le Jebel Harim, tous deux pareillement arides et rétifs à l'enneigement –, rien que de la poterie, des tissages, enfin tout le bric-à-brac qui est le lot commun des musées les plus démunis dans n'importe quel pays du monde. Mais non, c'est inexact : car dans le musée du boulevard Pasdaran, il y avait aussi, au deuxième étage, des dioramas – un dispositif, avec ses figures de cire figées dans des scènes reconstituées, qui me procure toujours beaucoup de plaisir –, dont le plus remarquable illustrait la prise par les Perses du fort de l'île d'Hormoz, en 1622, sous le règne de Shah Abbas, dit « Abbas le Grand », par ailleurs fondateur de cette ville à laquelle il a laissé son nom. (Ce que la légende de ce diorama ne précise pas, non plus que dans l'île elle-même le panneau explicatif, en deux langues, disposé à l'entrée du fort, c'est que pour se rendre maîtres des Portugais qui le défendaient, les Perses avaient dû au préalable les faire bombarder – ou « ramollir » (*soften*), comme nous dirions aujourd'hui – par des navires anglais, Shah Abbas ne disposant pas d'une flotte équipée pour ce genre de choses.) Dans un décor qui se compose sur trois côtés de photographies du fort vu de l'intérieur, et dont le sol est recouvert de sable et de cailloux, la scène représentée par le diorama met aux prises deux guerriers perses et trois portugais dont l'un gît de tout son long sur le sol, ensanglanté, son casque – sa salade – ayant roulé à quelques pas, tandis qu'un second a déjà un genou en terre, et que seul le troisième fait encore bonne figure, mais plus pour longtemps. Et ce qui surtout fait le charme de ce diorama, c'est qu'il est sonorisé, l'interrupteur qui commande l'éclairage de la scène déclenchant en même temps le déroulement d'un enregistrement très soigné, avec de grands ahans et des bruits variés de quincaillerie, toute une cacophonie à laquelle il ne manque que les apostrophes, insultes ou menaces, à caractère religieux pour certaines, que les protagonistes de ce fait divers durent échanger dans la réalité. J'étais en train d'essayer de me représenter la scène de l'enregistrement de cette bande sonore – différente selon que celui-ci avait été réalisé avant ou après la révolution islamique, car dans le premier cas il était vraisemblable que les figurants, hilares, épuisés à force de taper comme des sourds sur des casseroles ou des couvercles de poubelle, et la gorge desséchée par cette orgie de cris gutturaux, étaient allés au sortir du travail se jeter une bière ou deux, tandis qu'une telle issue était inconcevable après la révolution – et de m'interroger sur le sort de ces figurants, dont certains, si l'enregistrement était ancien, avaient pu trouver la mort entre-temps lors d'une attaque-suicide contre les lignes irakiennes dans les marais du Tigre, quand j'ai été tiré de cette réflexion par l'arrivée inopinée, dans la salle des dioramas, d'un autre visiteur, équipé d'un magnétophone, qui semblait désireux d'engager la conversation. Et c'est ainsi que j'ai fait la connaissance de Navid, journaliste au quotidien régional *Darya* – La Mer –, qui devait par la suite me servir d'interprète, et m'assister de diverses façons dans l'accomplissement de quelques-unes des tâches dont Wax m'avait chargé, en attendant son arrivée à Bandar Abbas, comme de rechercher sur le littoral du détroit le point le plus propice à sa tentative de le traverser à la nage, ou de convaincre un riverain, disposant si possible d'un bateau, d'assurer le soutien logistique de la première partie de cette opération.

Passé la porte basse qui en constituait l'unique accès, la cour intérieure du fort était effectivement, comme dans le diorama, recouverte de sable et de cailloux, excepté dans sa partie la moins élevée où s'étendait une sorte de piscine, désormais envahie par la mer, qui avait dû servir de réserve d'eau douce aussi longtemps que l'édifice avait conservé sa vocation militaire, et sur les bords envasés de laquelle se voyaient en grand nombre des périophtalmes, ces petits poissons de mangrove, amphibies, dont les membres antérieurs peuvent faire office de pattes, et dont la posture qu'ils adoptent, dressés sur celles-ci, dès qu'ils sont hors de l'eau, semble traduire leur lassitude de la vie aquatique et leur désir de s'aventurer pour de bon sur la terre ferme. Dans le sous-sol de cette cour se trouvait une église, apparemment désaffectée depuis la défaite des Portugais, et dans laquelle régnait une fraîcheur contrastant avec la température du dehors. Navid profita de ce que nous nous y trouvions à l'abri du soleil pour me faire découvrir l'application Talking Tom de son téléphone portable, dont il semblait retirer un plaisir sans cesse renouvelé : il s'agissait d'un chat – un chat de dessin animé – qui reproduisait, assez fidèlement, tous les sons que l'on émettait à proximité de l'appareil, et qui pouvait aussi dessiner sur l'écran de celui-ci des traces (virtuelles) de griffures. On voit par là que Navid était d'un caractère enfantin, et c'était d'ailleurs ce qui me rendait sa compagnie agréable, outre qu'il était presque toujours de bonne humeur, et persuadé contre toute évidence que le monde entier lui voulait du bien. Ainsi l'idée que la police, ou telle autre force de sécurité, pût être envisagée parfois comme une menace, ainsi cette idée lui était-elle complètement étrangère. Et il s'étonnait toujours, avec candeur, de la crainte que m'inspiraient quant à moi les porteurs d'uniformes, et plus encore les civils que je soupçonnais de se livrer, bénévolement ou non, à des activités de renseignement. Ayant raté de peu la première vedette à destination de l'île d'Hormoz, dans la matinée, nous avions dû attendre plus d'une heure le départ de la suivante, à l'embarcadère – l'« eskele » –, en compagnie d'un enfant qui tenait sur ses genoux un grand aquarium rectangulaire, vide, dans lequel on se demandait quelle sorte de poissons, ou de mollusques, il avait le projet de séquestrer. Peut-être des périophtalmes ? Mais il lui faudrait alors reconstituer un biotope voisin de celui de la mangrove, et donc difficile à faire tenir dans le volume réduit de l'aquarium. Au sortir de la chapelle, de sa fraîcheur et de sa pénombre bienfaisantes, nous avons gravi les ruines de la muraille pour nous hisser jusque sur la plate-forme qui couronnait la tour la plus haute, laquelle ne l'était guère que d'une dizaine de mètres. Mais c'était assez pour que, de là-haut, on dominât la petite ville d'Hormoz et ses abords, et que l'on distinguât dans le lointain, sur la terre ferme, la silhouette estompée et régulière du mont Kuh-e Genu se profilant au-dessus de Bandar Abbas. Alors que depuis la plate-forme j'observais en silence les ruelles peu animées et les maisons à toits plats de cette ville d'Hormoz, sur-montées çà et là de quelques châteaux d'eau, de quelques minarets et d'à peu près autant d'antennes de télécommunication en forme de derricks, il m'est venu tout à coup, insidieusement, le sentiment, à la fois excitant et douloureux, qu'au lieu d'être un simple touriste, juché sur cette plateforme au terme d'une brève mais épuisante ascension, et ne devant qu'à l'isolement international de l'Iran d'être seul (avec Navid) dans cette situation, j'étais sous l'uniforme d'une armée quelconque – qu'elle fût coloniale, et donc méchante, ou bien gentille et n'agissant (ou ne s'abstenant d'agir) qu'en vertu d'une résolution en bonne et due forme des Nations unies – un soldat accablé de chaleur et d'ennui, craignant de s'endormir sur l'affût de sa mitrailleuse et essuyant continuellement avec un pan de son chèche la sueur qui coulait de son front. Puis nous avons entrepris de visiter l'île, dont une route partiellement revêtue faisait le tour, dans un véhicule de type Kia Optima et sous la conduite du propriétaire de celui-ci. Lorsqu'il bavardait avec moi, et donc en anglais, Navid parlait volontiers de filles et de sexe, bien que son expérience dans ce domaine fût à mon avis très limitée. De son côté, Mehdi, le propriétaire et le chauffeur de la Kia, n'était pas du genre à se laisser entraîner dans une conversation aussi légère, au moins en présence d'un étranger. « Parce que nous sommes musulmans », avait-il déclaré d'entrée de jeu, « si nous mourons au combat nous deviendrons des martyrs selon Dieu ». Et cela bien qu'il fût d'autre part, sans l'ombre d'un doute, un homme d'une gentillesse et d'une placidité peu communes. Alors que dans le sud de l'île nous traversions un paysage de collines nues et brûlées, de formes et de couleurs si peu naturelles, et si variées, que chacune, ou a fortiori leur ensemble, aurait pu constituer l'attraction principale d'un parc à thème (un parc à l'entrée duquel on se serait bousculé), Mehdi nous assura que ce n'était encore rien à côté de l'aspect qu'elles présentaient sous une lumière rasante, à l'aube ou au crépuscule, si possible après une forte pluie, ajouta-t-il, et cependant que se déployait au-dessus d'elles un arc-en-ciel. Au débouché de ce chaos rocheux, la piste s'engageait dans une longue courbe pour se rapprocher de la mer, laissant sur sa droite, en contrebas, les installations d'une carrière, ou d'une mine à ciel ouvert, d'où l'on extrayait une matière pulvérulente dont la couleur rouge carmin – très exactement la couleur du mâle de ce petit oiseau, le bengali amarante, qui se rencontre un peu partout en Afrique – avait déteint sur tout ce qui l'entourait, au point que les pages du carnet sur lequel je prenais des notes en conservent encore la trace. Là où la piste rejoignait le niveau de la mer, je demandai à m'arrêter en bordure d'une plage qui, vue de haut, m'avait paru propice au projet de Wax, stratégiquement, et tactiquement au désir que j'éprouvais de me baigner. Si l'on excepte les habituels amas de bouteilles en plastique au niveau de la laisse de haute mer, et les boulettes d'hydrocarbures, invisibles sous le sable, que je me collai dans les pieds sitôt que je me fus déchaussé, c'était une jolie petite plage, dont le bord était planté de tamaris, et qu'une ligne pointillée de flotteurs, révélant la présence d'un filet, reliait à un plateau rocheux sur lequel la marée montante avait fait se rassembler des oiseaux. (La hauteur de l'eau était à peine suffisante pour nager, dans l'intervalle entre le rivage et ce plateau, mais je parvins cependant, en veillant à ne faire que des mouvements très lents, et à ne laisser dépasser en surface que le haut de ma tête, à approcher les oiseaux presque jusqu'à pouvoir m'en saisir.) Mehdi tira parti de cette pause, et de la vue qui s'offrait à nous sur le détroit – dont il soutenait que la largeur était en ce point de 75 kilomètres, ce qui m'obligeait à rechercher ailleurs un lieu plus compatible avec les capacités déclinantes de Wax –, pour exprimer des sentiments patriotiques dont l'ardeur contrastait avec la douceur de sa voix, déjà légèrement voilée, bien qu'il ne dût pas avoir dépassé la trentaine, par un usage excessif du tabac. L'Iran, soutenait-il, disposait désormais de tout le matériel nécessaire pour bloquer le détroit, tel qu'il s'étendait sous nos yeux, si les circonstances l'exigeaient : « Même une mouche qui vole au-dessus de la mer, notre armée la voit et peut la détruire quand elle veut ! » Puis il enchaîna sur des considérations plus terre à terre, concernant par exemple les différentes sortes de poissons qui se rencontraient dans les parages – et parmi lesquels figuraient le hammour et le sangsar, sauf erreur de ma part –, ou les bonnes affaires qu'il faisait au moment de la fête de Nowruz (et seulement à ce moment-là), lorsque, de tout l'Iran, les touristes affluaient dans l'île par centaines. Depuis cette plage, couverte dans sa partie supérieure de galets, pour certains de formes et de couleurs si étranges – à l'image des collines dont ils provenaient – que jamais encore, même sur le littoral omanais, je n'en avais observé de semblables, on distinguait au loin la silhouette de l'île de Larak, décidément la plus proche de l'autre rive du détroit, et donc celle qui ménagerait le trajet le plus court à Wax s'il n'avait pas renoncé entre-temps à son projet. La seule difficulté, concernant cette île de Larak, venait de ce qu'aucune ligne régulière de vedettes ne la desservait, au départ de l'eskele, et surtout de ce que la documentation dont je disposais la mentionnait unanimement comme une base navale importante des pasdaran.

Arrivés à Minab après le coucher du soleil, nous nous y étions établis à l'hôtel Sadaf, « La Perle », dont je ne conserve d'autre souvenir que celui-ci : vers 10 heures du soir, alors que je me préparais à dormir, Navid était venu frapper à ma porte pour me signaler que deux flics en civil m'attendaient à la réception. Il l'avait fait avec son ingénuité habituelle et sans laisser paraître aucune inquiétude, puisque, de son point de vue, ces deux flics, probablement alertés par le réceptionniste de l'hôtel, ne pouvaient me vouloir que du bien. Personnellement, je voyais les choses autrement. Même si la certitude de n'avoir enfreint jusque-là aucune loi de ce pays m'inspirait une certaine confiance. Mais peut-être les deux flics n'étaient-ils pas de cet avis ? Peut-être, le contexte s'y prêtant, me soupçonnaient-ils d'être un espion, comme pouvait le suggérer mon insistance à visiter toutes les îles du détroit, équipé de cartes détaillées, calculant des distances – ou m'efforçant de les calculer – et prélevant sur le rivage des échantillons de roches, en vertu de l'innocente habitude contractée lors de cette baignade en Oman ? Les deux flics, leur visage n'exprimant rien de particulier, étaient assis côte à côte sur une banquette dans le salon de l'hôtel, au-dessous d'un récepteur de télévision diffusant une série coréenne dont j'avais suivi l'épisode précédent, par hasard, à bord de la vedette qui la veille nous avait ramenés de l'île d'Hormoz. Navid avait assuré la traduction des dialogues doublés en persan (comme il assurerait bientôt celle de mes échanges avec la police), outre que l'intrigue était assez simple – il s'agissait des amours contrariées, mais finalement victorieuses, d'un prince et d'une princesse – pour que l'on pût à la rigueur s'en passer. Les flics persistaient à me considérer avec la même absence d'expression, bienveillante ou malveillante, que si j'avais été une valise, susceptible – mais pas vraiment – de contenir une marchandise prohibée (plutôt qu'une bombe à retardement). Maintenant qu'ils avaient pris la peine de se déranger, à cette heure avancée de la soirée, pour venir jusqu'à l'hôtel, il fallait bien qu'ils tirent de moi la substance de quelques lignes d'une main courante, mais ils ne semblaient pas m'envisager comme une menace sérieuse pour la sécurité de la république islamique. « Qu'êtes-vous venu faire à Minab ? » me demandèrent-ils tout d'abord, sans se départir de leur absence d'expression. Or je n'étais rien venu faire à Minab, ne m'étant arrêté dans cette ville – au demeurant réputée pour son marché hebdomadaire, lequel se tenait justement le lendemain – que parce qu'elle constituait une étape sur la route de Jask, un port situé sur le golfe d'Oman à environ 300 kilomètres au sud-est de Bandar Abbas, et donc à l'entrée du détroit plutôt qu'à l'intérieur de celui-ci. Et je sentais qu'il était plus prudent de n'en rien dire, dans la mesure où Jask, même si l'on ne m'avait notifié aucune interdiction de m'y rendre, ne présentait pas le moindre intérêt touristique, au moins de leur point de vue, mais passait en revanche pour abriter une base, encore une, de la marine régulière ou de celle des pasdaran (plutôt de la première, d'après la documentation que j'avais consultée à ce sujet). Aussi leur répondis-je que j'étais venu pour le marché, argument d'autant plus plausible que ce dernier était chaudement

184

recommandé par le guide *Lonely Planet* (lequel, en revanche, ignorait tout de Jask). Bien. Et qu'avais-je l'intention d'acheter sur le marché de Minab ? J'aurais pu tenter de faire de l'esprit, et leur dire par exemple que j'avais l'intention d'acheter un chameau, ou une chèvre, les policiers, et d'autant plus qu'ils servent des régimes plus sévères, étant souvent friands de ce genre de blagues. Mais je leur répondis simplement que j'étais venu pour voir, plutôt que pour acheter. Tout cela par le truchement de Navid – dont le conformisme politique, et la confiance aveugle dans les forces de sécurité, m'apparaissaient dans cette circonstance comme un atout –, et sans cesser de suivre discrètement, par-dessus leur épaule, le déroulement de ce feuilleton coréen illustrant les amours contrariées d'un prince et d'une princesse. Et prévoyais-je, par la suite, de retourner aussitôt à Bandar Abbas ? Oui, je prévoyais de retourner aussitôt à Bandar Abbas. Ce qui n'était d'ailleurs qu'un demi-mensonge, puisque je prévoyais en effet d'y retourner, mais seulement après m'être rendu à Jask. Au début de cet entretien, j'avais éprouvé une vague crainte que Navid ne me trahisse, en mentionnant mon désir d'aller à Jask, mais c'était faire peu de cas de sa loyauté, laquelle, bien qu'il fût un supporter du régime, l'obligeait en ce moment vis-à-vis de moi plus que vis-à-vis des deux flics.

Le lendemain matin, sur la route de Jask, qui le plus souvent se tenait à égale distance de la mer et des montagnes, filant droit au milieu d'une plaine désertique où saillaient çà et là de ces amas rocheux que l'on aurait dit sur le point de tomber en poussière, la température s'est élevée jusqu'à 45° avant de redescendre, sous l'influence d'un vent de sable qui masquait le soleil et limitait dangereusement la visibilité. L'atmosphère était saturée de cette même poussière jaune dont les montagnes semblaient faites, et dont de minces filets sinuaient frénétiquement, comme des mèches de fouet, sur le revêtement de la chaussée. Quand la visibilité s'améliorait, on distinguait de part et d'autre de la route, sur la ligne de crête ou le long du rivage, des installations militaires, généralement de taille modeste, dont le paysage était équitablement saupoudré. À l'entrée de Jask, la circulation était filtrée par un ouvrage permanent, avec une guérite en dur et une barrière mobile, gardé par des hommes en treillis. Au milieu de la ville, qui donnait quant à elle l'impression d'avoir été bâtie à la hâte et dans un certain désordre, une reproduction en miniature d'un patrouilleur de type Houdong se dressait sur le terre-plein central d'un rond-point, et un navire du même modèle, avec les conteneurs de ses missiles C 802 bien visibles sur la plage arrière, était mouillé à l'abri des jetées du port. (Un navire exactement semblable, observai-je – au point qu'il s'agissait probablement du même – à celui figurant sur les photographies que l'un des officiers du *Cassard* m'avait fait parvenir, au moment où le bateau escortait l'*USS Enterprise* lors de son passage dans le détroit.) Pour atteindre le port, après avoir contourné le rond-point, il fallait emprunter sur une grande distance un boulevard longeant une plage élégamment incurvée qui s'étendait à perte de vue dans la direction opposée (vers le nord), et sur laquelle des vagues se brisaient avec fracas, poussées par le même vent qui faisait se lever la poussière. Alors que ma nervosité allait croissant, aiguisée par l'atmosphère martiale que je sentais peser sur cette ville, Navid, parfaitement décontracté quant à lui, voulut s'arrêter près du port pour acheter du poisson à l'abri d'un marché couvert. Une fois le poisson chargé dans la voiture, il prétendit que nous traînions dans Jask à la recherche d'une boutique débitant de la glace pilée mais cette fois je m'y opposai fermement, car je ne tenais pas à attendre la nuit pour franchir à rebours le barrage établi à l'entrée de la ville. Bien entendu, nous l'avons passé sans encombre, Navid maugréant qu'il en serait allé de même un peu plus tard, si nous avions pris le temps d'assurer la réfrigération de sa godaille. Par bonheur, le coffre était étanche et l'odeur du poisson tardait à envahir l'habitacle. Après quelques dizaines de kilomètres, alors que la nuit tombait et que Navid me donnait l'impression d'avoir baissé les bras, il s'est arrêté pour interroger un motocycliste en panne sur le bas-côté de la route, et celui-ci nous a indiqué sur la gauche, dans le désert, une piste mal tracée, à peine visible dans l'obscurité, qui menait à une coopérative de pêche, en bordure d'une mangrove, où il semblait que l'on pût trouver de la glace.

À Bandar Abbas, le magasin Fishing Salameh jouit auprès des amateurs de pêche sportive d'une réputation honorable. Rue Sayyadan, un peu avant que celle-ci ne conflue avec le boulevard Taleqani, le magasin occupe le rez-de-chaussée d'un petit immeuble tout proche du marché aux poissons, lui-même peu éloigné (logiquement, serais-je tenté de dire) du port de pêche, devant lequel, à l'automne 2012, des travaux d'aménagement sont en cours. Aussi étrange que cela puisse paraître, dans un pays soumis à un embargo sévère, on trouve chez Fishing Salameh un choix d'articles de pêche – cannes, moulinets, matériel de plongée ou fusils sous-marins – presque aussi étendu que dans une boutique du même genre en Europe. (D'ailleurs on trouve aussi à Bandar Abbas des armureries où l'on peut se procurer sans difficulté apparente des armes de chasse.) Lorsque j'avais exprimé le désir de rencontrer quelqu'un qui fût susceptible d'escorter Wax dans la première partie de sa traversée – d'« assurer son soutien logistique », avais-je dit, sans entrer dans des détails qui, à ce stade, auraient pu compromettre son projet –, Navid m'avait introduit auprès du propriétaire du magasin, et c'est encore à lui que je m'adressai après avoir constaté qu'aucun service régulier de vedettes, au départ de l'eskele, n'assurait la desserte de l'île de Larak, et qu'il me faudrait par conséquent louer un bateau pour m'y rendre. À défaut d'un bateau – car il prétendait n'en avoir momentanément aucun de disponible –, Salameh, si tel était bien le nom du marchand d'articles de pêche, m'avait mis en relation avec Amin, le plongeur apnéiste, et c'est en sa compagnie, Navid ayant repris son activité de journaliste, que je me suis rendu à Larak, le jour même où le commandant en chef des Gardiens de la révolution, le major-général Mohammad Ali Jafari, appelait dans les colonnes de l'*Iran Daily* « toutes les couches de la nation iranienne à redoubler de vigilance contre les complots de l'ennemi », ajoutant que celui-ci mettait en œuvre de « nouvelles tactiques », au nombre desquelles il comptait peut-être le projet de Wax et mes propres efforts pour le seconder.

Avec Amin, nous avons tout d'abord emprunté jusqu'à Qeshm une vedette des lignes régulières, puis, une fois dans l'île, un taxi pour nous rendre au port de pêche, d'où nous comptions louer une barque pour gagner Larak. Le port de pêche, ce matin-là, était en proie à une torpeur décourageante, imputable sans doute à la chaleur extrême, ou encore, comme nous l'assura l'une des trois personnes que nous avions rejointes, elles-mêmes passablement assoupies, sous un abri de toile dispensant un peu d'ombre, à ce que toute la population de Larak, c'est-à-dire pas grand monde, s'était déplacée sur l'île de Qeshm pour assister aux funérailles d'un des siens. À la demande insistante d'Amin, notre interlocuteur consentit à appeler sur son portable un « nakhoda » – un « capitaine » – de sa connaissance, qui peut-être serait disposé à nous conduire à Larak, il échangea avec lui quelques mots, puis parut retourner à son demi-sommeil sans nous avoir communiqué le résultat de sa démarche. Le temps s'écoulait, et rien n'indiquait qu'il dût se passer quelque chose. Amin lui-même semblait en avoir pris son parti. Il se trouvait en même temps

que nous, sous l'abri, un vieil homme excessivement maigre – qu'Amin soupçonnait d'être un
opiomane en manque, et de ne m'avoir entrepris
qu'afin de me soutirer de l'argent –, qui dans un
anglais hésitant me raconta longuement comment
dans les années quatre-vingt il avait exercé à Dubaï
le métier de pianiste de bar, et comment il avait dû
y renoncer, et revenir en Iran, parce que son unique
frère avait été fait prisonnier par les Irakiens. Après
quelques années, le frère était rentré de captivité,
mais lui-même n'était jamais retourné à Dubaï.
Qu'il fût ou non toxicomane, il émanait de lui une
impression d'usure extrême, comme s'il était à deux
doigts de se volatiliser, et c'est ce qu'il fit en effet,
au moins dans le sens figuré de ce mot, au volant
d'une très vieille Toyota qui lui était parfaitement
assortie, sitôt qu'il eut compris qu'il ne tirerait rien
de moi (peut-être lui aurais-je donné quelque chose
si je n'avais craint de déchoir aux yeux d'Amin en
faisant preuve d'une telle complaisance). Entre-
temps, le port de pêche avait connu un léger regain
d'activité lorsqu'une barque y avait accosté, menée
par un pêcheur qui avait débarqué sur la cale une
cargaison de seiches. Il s'employait maintenant à
les vider de leur encre, créant dans les eaux bleu
turquoise du bassin un nuage noir et velouté qui

se propageait rapidement, cependant que l'un des assoupis, tiré de sa rêverie, soutenait quant à lui que l'encre de seiche ne devait pas être ainsi dilapidée, et qu'elle constituait un remède souverain contre le mal de dos. Puis, alors que je m'étais moi-même laissé gagner par cette atmosphère nonchalante, et absorber par la contemplation du nuage d'encre de seiche, au point d'en oublier plus ou moins ce que j'étais venu faire sur la cale, un « nakhoda » a surgi, contre toute attente, chevauchant une moto-cyclette surchargée de nasses en fil de fer, et peu après, ayant immergé au passage deux de ces pièges grillagés devant l'entrée du port, nous voguions sur sa barque en direction de l'île de Larak.

En y débarquant, l'effort pourtant mesuré que je dus faire, pour me redresser et enjamber le pavois, me causa une fatigue telle que je tombai à genoux sur la plage, dans une position que je dus conserver quelque temps, et qui me fit craindre que parmi les très rares personnes susceptibles de m'avoir vu, il ne s'en trouvât au moins une pour imputer à cet agenouillement des motifs qu'il n'avait pas, et me soupçonner par exemple d'être un missionnaire pentecôtiste désireux de ramener l'île de Larak dans le sein de la vraie religion. Et ce qui aurait pu renforcer ce soupçon, c'est que par la suite, afin de me donner une contenance, et surtout, s'il devait se confirmer que l'île abritait une garnison de pasdaran, afin d'écarter toute idée que je n'y étais venu que pour m'en assurer, je me dirigeai aussitôt, en compagnie d'Amin, vers les ruines de ce fort portugais que j'avais remarqué depuis la mer, et par lequel l'île de Larak se rapproche de l'île d'Hormoz, ou de l'île de Qeshm, qui quant à elle en compte au moins deux, ou de la ville de Khasab sur la rive opposée du détroit (pour ne rien dire de Manama, la capitale du Bahreïn, où se visite une forteresse portugaise d'une tout autre envergure). Mais l'inaccessibilité, pourtant relative, de Larak fait que ces ruines y sont plus délaissées que partout ailleurs. Pour les atteindre, il nous fallut emprunter, perpendiculairement au rivage, une ruelle où stagnait une flaque d'eau putride, puis écarter une grille et nous courber sous une voûte grossièrement étayée, avant de déboucher, en pleine lumière – tel un taureau de combat, me disais-je, au sortir du toril, ou un martyr chrétien sur le point d'être livré aux fauves –, dans une cour torride, semée de détritus, dont quelques chats errants avaient fait leur résidence habituelle. À quelque chose près, le soleil devait être au zénith, et je ne me souvenais pas, personnellement, d'avoir jamais éprouvé une chaleur pareille, d'autant plus accablante que nous avions négligé d'emporter avec nous de quoi boire, et qu'il ne fallait pas trop compter sur le hameau de Larak pour nous y procurer des rafraîchissements. Malgré ma mine défaite – ou à cause de celle-ci, qui peut-être le divertissait –, Amin insista pour me photographier au milieu des ruines, et, si je ne me prêtai tout d'abord que de mauvaise grâce à cette séance de pose, il m'apparut bientôt qu'elle avait au moins le mérite de me désigner définitivement comme un touriste, si, comme je le pensais, la nouvelle de notre arrivée commençait à se répandre, et les insulaires à s'interroger sur les raisons d'une si rare visite : car aucun espion, me semblait-il, ne serait assez bête pour se faire photographier ainsi, accablé de chaleur et coiffé d'un chapeau ridicule, sur les lieux mêmes qu'il aurait pour mission de reconnaître. En ce qui concerne les habitants de Larak, toutefois, nous ne devions en rencontrer aucun, à l'exception de deux ou trois qui à l'ombre d'un dai – comme sur la cale de Qeshm, sinon que sous celui-ci une sorte de petit salon était aménagé – avaient assisté à notre débarquement sans y prêter (ou en affectant de ne pas y prêter) la moindre attention, puis de quelques autres que nous vîmes passer à vive allure, dans un nuage de poussière, à l'intérieur d'un 4 × 4 aux vitres teintées, et dont Amin présumait qu'il s'agissait de pasdaran. De ceux-ci, nous avons vu aussi une barque effilée, gréée sur l'avant de ce qui devait être une mitrailleuse encapuchonnée, toucher terre en un point du rivage où était disposé un petit appontement. Autrement, il régnait à l'intérieur et aux abords du village le même silence, et la même immobilité, que sur la cale de Qeshm, sauf que nous étions à Larak, et que je ne pouvais m'empêcher de leur trouver ici une dimension maléfique dont ailleurs ils m'auraient semblé dépourvus. Pour vous donner une idée de l'ambiance, le bruit que produisirent en sautant tous ensemble, par dizaines, des poissons minuscules – comme d'une poignée de gravillons frappant la surface de l'eau –, ce bruit me fit sursauter, et c'est seulement alors, en m'efforçant de découvrir à quels prédateurs ils s'efforçaient d'échapper, que je remarquai la présence, juste sous la surface, d'un grand nombre de tortues marines – plus de tortues marines, à vrai dire, que je n'en avais jamais observé –, se propulsant rapidement, sans un bruit, par des mouvements réguliers de leurs battoirs.

Lorsque je m'étais enquis auprès de lui d'un moyen de me rendre à Larak, Salameh, le marchand d'articles de pêche, m'avait signalé qu'au sud de l'île, à peu de distance du rivage, gisait l'épave d'un grand navire coulé dans les années quatre-vingt. Curieusement, bien qu'il fût détenteur d'un record de plongée en apnée, Amin n'avait jamais entendu parler de cette épave. Mais le nakhoda, lui, était au courant de son existence, même s'il était trop jeune, ou trop prudent, pour s'être interrogé sur son histoire (sachant que pendant la guerre dite « des pétroliers », les Iraniens, afin de soustraire leurs exportations aux attaques incessantes dont elles faisaient l'objet dans le fond du Golfe et jusqu'au milieu de celui-ci, avaient installé devant Larak une bouée de chargement, et que celle-ci avait été la cible, en 1986, d'un ou de plusieurs raids irakiens, il me paraissait vraisemblable que le navire dont l'épave gisait à peu de distance du rivage fût un pétrolier coulé dans de telles circonstances, sans doute à la grande surprise – et au grand déplaisir – de son équipage, maintenu dans l'ignorance que l'aviation irakienne pouvait dorénavant lancer des raids jusque dans les parages du détroit). Devant mon refus d'explorer le rivage méridional de l'île – celui le long duquel le présumé pétrolier avait été coulé –, dont je ne doutais plus, désormais, qu'il fût infesté de pasdaran, comme le mentionnaient les sources que j'avais consultées au préalable, le nakhoda nous a proposé de visiter une autre épave, située quant à elle à peu de distance de la côte nord, ou nord-ouest, et d'autant plus facile d'accès, assurait-il, qu'elle était posée sur un rocher, ou sur un massif de corail, et presque entièrement émergée dans toutes les conditions de marée. À mi-chemin, à peu près, entre le village et l'épave, le rivage de Larak, plat et sablonneux à ce niveau, forme une pointe que surplombe un phare : le rapport entre la hauteur de celui-ci et sa circonférence le fait apparaître extraordinairement grêle, et à ses pieds, à côté des ruines de plusieurs maisons et d'une mosquée – dont il semble qu'elles aient été délibérément évacuées et détruites, au même moment, dans un passé qui ne doit pas remonter au-delà d'une dizaine ou d'une quinzaine d'années –, s'étend une plage dont les quelques équipements balnéaires, parasols en ciment ou balançoires rouillées, paraissent également abandonnés. Quant à l'épave, plus nous nous en rapprochions et plus je lui trouvais l'allure d'un navire de guerre en activité – d'autant qu'à quelque distance, bien visible sur l'horizon, évoluait solitairement (ou peut-être de concert avec un sous-marin en plongée) un patrouilleur de type Houdong, comme si j'étais condamné, quoique je fasse, à me retrouver toujours, et sans l'avoir cherché, à proximité de l'un d'entre eux –, et pendant quelques instants je soupçonnai le nakhoda, en dépit de la bienveillance qu'il n'avait cessé de me manifester (faisant même un large détour pour se porter à la hauteur d'un boutre de pêche en train de relever un filet rempli à ras bord de chinchards), de m'avoir attiré dans un piège, comme pouvait le suggérer la présence de ce patrouilleur, quant à lui incontestablement bien vivant, dans le voisinage de l'épave, ou de la pseudo-épave, vers laquelle nous nous dirigions maintenant à vive allure. En fin de compte, mes soupçons concernant le nakhoda se sont avérés sans fondement, mais il apparut d'autre part que je ne m'étais pas trompé complètement en identifiant l'épave, de loin, comme un navire de guerre, même s'il ne constituait plus une menace (mais peut-être, en revanche, était-il interdit de s'en approcher?) dans l'état où nous l'avons trouvé. Il s'agissait en effet d'un chaland de débarquement, aisément reconnaissable, de près, à sa rampe mobile abattue sur l'avant, par laquelle la mer avait envahi le radier, à l'intérieur duquel elle clapotait désormais comme dans une grotte partiellement immergée. Encore visible sur la coque, le nom du bateau, *Pharour*, évoquait une île – ou plutôt deux, la petite et la grande (« kuchak » et « bozorg »), comme les

Tunb –, située dans les eaux iraniennes au large de Bandar-e Lengeh (même si le nom de ces deux îles, sur les cartes, est généralement orthographié « Forur », mais qu'à cela ne tienne). Quel qu'ait été le destin de ce bateau – destin sur lequel je hasarderai tout à l'heure une hypothèse audacieuse –, sa coque et ses superstructures portaient les traces de si nombreux impacts, dont certains l'avaient traversé de part en part, d'autres ayant soulevé et tordu sur plusieurs mètres les tôles du pont, qu'il fallait qu'on se fût acharné sur lui avec une obstination véritablement démoniaque, et bien au-delà de ce qui eût été suffisant pour le mettre hors de combat. Si l'équipage était encore à bord lorsque le *Pharour* avait été haché de la sorte, ses derniers moments avaient dû être un enfer. Mais c'est l'excès même de cet acharnement qui me fit soupçonner que le bateau, plutôt que dans un combat réel, avait été détruit dans un simulacre de combat, vraisemblablement lors de l'une ou l'autre de ces manœuvres navales « Grand Prophète » qui ont lieu chaque année dans les parages du détroit, et à l'occasion desquelles les Gardiens de la révolution aiment à mettre en scène des assauts de petites embarcations, en meute, contre de pseudo-navires ennemis, conclues par la prise à l'abordage ou la destruction de ceux-ci. En ce sens, et si mon hypothèse était exacte, l'épave du *Pharour* pouvait être considérée comme un monument, malheureusement inaccessible au public, à la gloire des tactiques navales asymétriques. Quoi qu'il en soit, ce spectacle acheva de me convaincre que Wax ne pourrait se lancer dans sa tentative à partir de l'île de Larak, même si elle était incontestablement la plus proche de la rive opposée du détroit. Et c'est pourquoi, dans les jours suivants, et toujours en compagnie de l'apnéiste, je dus explorer avec un soin particulier l'île d'Hengam, où la présence militaire était à tout le moins plus discrète, et sur la côte sud de laquelle je devais finalement découvrir, et sélectionner, cette plage dite « du pied d'éléphant », en raison des formes étranges, assez pachydermiques en effet, que l'érosion a imprimées par endroits à la falaise qui la surplombe.

Arrivé le matin même de Téhéran, par un train de nuit à bord duquel il partageait avec trois autres personnes un compartiment de première classe – compartiment dont il s'était demandé, non sans une certaine légèreté, s'il ressemblait peu ou prou à une cellule de la prison d'Evin –, Wax, après s'être installé à l'hôtel Atilar, choisi de préférence à l'Hormoz pour l'unique raison qu'il a repéré à la réception du premier une jeune femme attrayante, et bien qu'il ne se berce évidemment d'aucune illusion la concernant, Wax entreprend maintenant, dans la chaleur et la lumière déclinantes, de remonter le boulevard Imam-Khomeiny en direction de l'est, vers cette plage, longue de plusieurs kilomètres, dont on lui a garanti qu'elle attirerait en ce vendredi soir une foule nombreuse. Sur le trottoir de gauche du boulevard, à la hauteur de son intersection avec la rue 17-Sharivar, au milieu des piétons dont il lui semble qu'à l'approche de la nuit, et de la relative fraîcheur qu'elle ménage, ils se multiplient de façon presque surnaturelle, il manque de marcher sur un enfant obèse, à l'expression butée – mais qui, à sa place, afficherait une expression avenante ? –, assis derrière un cageot où s'entassent plusieurs dizaines de poussins piaillants, teints de couleurs fluo par un procédé – sans doute une bombe aérosol – dont on peut craindre qu'il ne soit préjudiciable à leur santé. Wax se prend de pitié pour les poussins, tout en reconnaissant par-devers lui que ce sentiment, il devrait l'éprouver plutôt vis-à-vis de l'enfant obèse. Mais bon, c'est toujours ainsi, il est plus facile d'éprouver de la pitié pour ce qui est mignon, or l'enfant ne l'est pas. La pulvérisation des poussins rappelle à Wax ce que lui a confié la nuit dernière un de ses voisins de compartiment, par ailleurs lecteur d'Albert Camus et opposant déclaré au régime, quand ils se sont retrouvés à l'extrémité du wagon, près des toilettes, pour fumer ouvertement une cigarette : « En Iran, tout ce qui devrait être interdit est autorisé, et tout ce qui devrait être autorisé est interdit. » Puis le lecteur de Camus a exprimé son inquiétude concernant le projet de Wax – bien que celui-ci n'ait parlé que d'« explorer » le détroit d'Ormuz, non de le traverser à la nage –, insistant sur le caractère stratégique de ce bras de mer, et sur le sort peu enviable qui l'attendait s'il était soupçonné d'espionnage. Les deux autres occupants du compartiment, dont la générosité ne démentait pas la réputation que les Iraniens se sont acquise dans ce domaine – ils avaient même tenu à régler le prix de son repas au wagon-restaurant, en dépit de ses protestations, et bien qu'eux-mêmes, par souci d'économie, aient dîné de leurs propres provisions –, les deux autres occupants du compartiment ont abondé dans le sens du premier, invitant Wax à convenir le moins souvent possible, et seulement devant des personnes de confiance, de son intérêt pour le détroit.

Tandis qu'à la hauteur de la place Enqelab, sur laquelle donne le parvis de l'hôtel Hormoz, il s'apprête à traverser la rivière – ou plutôt le cloaque, à vrai dire, tant il émane de ce filet d'eau noire une odeur fétide – que certains plans de la ville désignent comme la Gursuzan Creek, tandis que d'autres ne lui donnent aucun nom, Wax remarque qu'en aval du pont qui la franchit elle forme une sorte d'étang, dont les berges abritent une population d'oiseaux si foisonnante qu'il s'arrête un moment pour l'observer, accoudé au parapet, se faisant *in petto* la réflexion que c'est souvent dans les lieux les plus sales, et les plus dégradés, que se rencontre la faune la plus prospère : ainsi, dans le périmètre limité de ce cloaque, compte-t-il en quelques minutes un couple de martins-pêcheurs, un autre de guêpiers, deux ou trois aigrettes, autant de chevaliers gambettes – ou de chevaliers qu'il identifie comme gambettes, avec une marge d'erreur imputable à sa vue déclinante et à l'oubli de son guide chez l'épicier indien de Kumzar –, un nombre indéterminé mais considérable d'échasses blanches, et une quantité équivalente de guifettes, dont le vol à la fois rapide et chancelant, si gracieux, effleure la surface de cette eau quasi stagnante et d'un noir d'encre. Passé le pont, Wax emprunte sur la droite le boulevard Ghaffari pour se rapprocher de la mer, qu'il longe interminablement, lui semble-t-il, à la périphérie d'un quartier où des barques de pêche sont tirées jusque sur le seuil des maisons. (Dans un avenir indéterminé, se dit-il, après que l'Iran aura réintégré le sein de la communauté internationale, quand de nouveau la Banque mondiale ou le FMI se pencheront avec sollicitude à son chevet, les pêcheurs seront chassés de ce quartier, trop proche du centre, leurs maisons détruites et remplacées par de petits immeubles alimentés en électricité par l'énergie solaire, entourés de jardins arrosés au goutte-à-goutte, abritant des cadres de l'industrie pétrolière ou des responsables d'ONG.) La plage à proprement parler ne commence que bien au-delà, passé un second cloaque, procédant peut-être du même cours d'eau que le premier. Wax, dont l'amour de l'humanité ne se manifeste que de loin en loin, par à-coups, en de brusques accès qui le laissent attendri et perplexe, et qui font bientôt place à une indifférence parfois teintée de hargne, Wax, lorsqu'il débouche enfin sur la plage, s'émerveille d'y découvrir des gens éparpillés par centaines, ou plutôt par milliers, le long d'un rivage de sable dur, couleur de terre, émaillé de flaques peu profondes, et si plat que la marée basse le découvre à perte de vue. Il y a dans ce spectacle quelque chose qui évoque une chorégraphie, mais à l'échelle d'un théâtre de dimensions prodigieuses : le grand théâtre du détroit d'Ormuz, se dit Wax, puisque c'est celui-ci, aussi bien, qui en constitue la toile de fond. Quant à son émerveillement passager, il vient de ce que les occupations des uns et des autres, sur cette plage – même si les femmes y sont habillées de pied en cap, et ne se hasardent dans l'eau, là où il y en a, que jusqu'à la hauteur de la cheville –, suggèrent malgré tout une certaine homogénéité, rassurante, de l'espèce humaine, quels que soient la religion qu'elle professe ou le régime qui lui est imposé : des familles pique-niquent, décortiquent des pistaches ou fument la chicha sur des tapis étendus à même le sol, des gamins montent de maigres chevaux de location, dont les sabots font trembler la terre durcie et jaillir l'eau des flaques, des enfants courent après des cerfs-volants ou bâtissent des châteaux de sable (dont on aimerait pouvoir dire que le style trahit des influences aché-ménides, même si rien ne permet de l'affirmer). Cédant à une habitude compulsive, Wax, qui s'est aventuré sur la plage, surmontant sa crainte de s'enfoncer dans un trou de vase ou de se souiller d'hydrocarbures, se met à inventorier les déchets dispersés çà et là, parmi lesquels il n'en remarque tout d'abord que de très banals – fragments de poly-styrène, lambeaux de filets, bouts d'amarres, os de seiche, emballages alimentaires ou vieux pneus –, jusqu'à ce qu'il tombe sur la carapace d'une tortue morte, dont la tête – ou les restes momifiés de celle-ci –, curieusement prolongée par une sorte de tuyau souple qui doit être un segment de son œso-phage ou de sa trachée-artère, gît dix ou quinze mètres plus loin. Même s'il n'était pas superstitieux comme une vieille paysanne, Wax pourrait être tenté d'y voir un mauvais présage. D'autant que ce n'est pas la première fois, lui semble-t-il, qu'il rencontre dans cette région du globe une tortue morte. Au fur et à mesure que l'échéance de sa tentative se rapproche, d'autre part, Wax est de plus en plus conscient de son peu de chances de succès, à moins de tricher dans de telles proportions que sa réputation en serait grandement menacée. Depuis son échouage sur le rocher d'al-Makhruq, il n'a pas repris son entraînement, si tant est qu'il l'ait jamais commencé. Et si l'on excepte les modalités de sa récupération, par les soins du loueur de voitures, à la limite des eaux territoriales omanaises, il n'a fait aucun progrès dans l'organisation de sa tentative, négligeant les précautions les plus élémentaires, renonçant finalement à solliciter des sponsors, ou à explorer les moyens de teinter cette entreprise d'une coloration politique, en la présentant par exemple comme une initiative pour la paix et pour la levée de l'embargo (avec lâcher de colombes au moment de son immersion solennelle), ce qui peut-être lui aurait assuré la bienveillance des autorités iraniennes. Ces dernières, a-t-il lu récemment dans un magazine allemand, envisageraient de provoquer dans le détroit un désastre de grande envergure, en y déversant d'énormes quantités de pétrole brut, afin de contraindre la communauté internationale à coopérer avec elles pour en limiter les effets : bien que Wax n'accorde qu'un crédit limité à cette information – comme à celles, symétriques, qui prêtent aux Américains le dessein de simuler une attaque contre leurs propres navires –, il se dit que son projet, au prix de quelques aménagements, décidés d'un commun accord avec elles, aurait pu constituer pour ces autorités un moyen plus économique, et moins salissant, de parvenir à peu près aux mêmes fins. (Et si farfelue que lui paraisse l'information du magazine allemand, dans l'hypothèse où malgré tout elle ne serait pas sans fondement, il forme des vœux pour que cette catastrophe provoquée ne survienne pas au moment où, même sans cela, il sera probablement en train de se noyer dans le détroit.)

La nuit est tombée, pendant que Wax inventoriait les déchets éparpillés sur le sable, et, à force de marcher, il se trouve maintenant à la hauteur d'un monument de carton-pâte – un faux rocher, d'où jaillit sur le versant opposé une cascade –, dans lequel il croit reconnaître ce décor de l'Iceland Park, près de Ras al-Khaimah, couronné de pingouins, qui abritait un bar où il s'est saoulé à plusieurs reprises alors qu'il séjournait dans les Émirats. « Un endroit merveilleux », se dit-il, « et tenu par un Australien très sympathique », même si ce n'est pas exactement sous ce jour qu'il les envisageait, l'un et l'autre, à l'époque. Ah! mais voici justement une buvette, installée dans un curieux bâtiment dont les formes galbées et jumelles évoquent une paire de nichons, bien qu'il s'agisse plus vraisemblablement d'une imitation de réservoirs d'eau à l'ancienne. Wax se rappelle à point nommé qu'il ne peut y commander de boissons alcoolisées. Bon. Va pour un Coca-Cola – dont l'Iran n'a jamais cessé d'être approvisionné –, accompagné d'un Hiss, cette abominable contrefaçon locale du KitKat. En sortant de la buvette, Wax, pour rejoindre le boulevard, le long duquel sont alignés des pick-up débordant de melons, de pastèques ou de grenades, doit contourner le rocher de carton-pâte, et il découvre que de ce côté, au pied de la cascade, dans une demi-obscurité, se dresse la statue d'une porteuse d'eau, terrifiante de réalisme et de pâleur, dont il lui semble qu'elle tient fixé sur lui son regard vide.

Si, comme nous le pensons, la marine iranienne dispose toujours de plusieurs avions de patrouille maritime – de vieux Orion P3 – en état de prendre l'air, le moment est peut-être venu d'en appeler un à la rescousse. L'ironie de l'histoire, c'est que parmi les souvenirs que Wax évoquait le plus volontiers, de ce temps où il prétendait avoir été marin, il y en avait un dans lequel un de ces Orion, plus jeune d'une trentaine d'années (mais les Orion sont de robustes quadrimoteurs à hélices, faits pour durer), effectuait plusieurs passages en rase-mottes, dans le détroit d'Ormuz, au-dessus du cargo à bord duquel il naviguait, celui-là même qui quelques semaines plus tard devait être attaqué par les bassidji au large de Koweit City. Et ne serait-ce pas amusant, observé-je (avec un détachement qui peut-être me sera reproché), que Wax soit sauvé, s'il doit l'être, par l'intercession de ce même appareil qui vingt-six ans plus tôt, dans un autre contexte, mais dans le même décor, lui a inspiré une crainte assez vive d'être bombardé ou mitraillé ? Crainte qui avait persisté jusqu'à ce que l'Orion, silhouette cruciforme et bleutée bientôt estompée par la brume, se fût éloigné en direction de la côte iranienne. Mais pour m'en tenir aux faits, comme m'y ont invité mes interlocuteurs au consulat sitôt que je me suis mis en relation avec eux, voici, dans l'ordre, comment ils se sont enchaînés, depuis notre arrivée sur l'île de Qeshm, quelques heures avant la tentative de Wax, jusqu'à la disparition de celui-ci. Il faisait encore nuit lorsque la vedette – la première de la matinée – nous a déposés à l'embarcadère, où nous attendaient Amin, l'apnéiste-interprète, et Navid, dont le rôle consistait désormais à aplanir les difficultés avec les autorités, s'il devait en surgir, et surtout – Wax avait insisté sur ce point – à « représenter la presse », afin que son exploit, quelle qu'en soit l'issue, ne passe pas complètement inaperçu. Dans le taxi qui nous conduisait à Shibderaz – et qui était le même que j'avais emprunté, auparavant, lors de mes repérages, de telle sorte que le chauffeur crut bien faire en suggérant que nous nous arrêtions à Suza pour voir « si le crocodile australien était déjà réveillé », plaisanterie qui ne rencontra pas le succès escompté –, Wax dodelinait de la tête, sous l'effet du manque de sommeil, et il n'ouvrit la bouche que pour ânonner cet alexandrin – « Il suivait tout pensif le chemin de Mycènes » – qu'il citait à tout bout de champ, comme un mantra, depuis le jour où je lui avais fait découvrir la plage dite « du pied d'éléphant » sur l'île d'Hengam, et où il s'était livré, à partir de celle-ci, à quelques essais plus ou moins concluants de natation. Le jour commençait à poindre lorsque nous avons abandonné la voiture, à Shibderaz, pour monter dans la barque mise à notre disposition par Salameh, le marchand d'articles de pêche, et menée par un nakhoda de son choix. À celui-ci, Amin expliqua brièvement qu'après nous avoir déposés tous les quatre sur la plage du pied d'éléphant, il devrait attendre Wax à quelque distance du rivage, puis l'accompagner jusqu'à la limite des eaux territoriales iraniennes en maintenant le cap sur le point le plus rapproché du littoral omanais, qui se trouvait être la pointe de Ras Shaykh Masud, et en se pliant à toutes les exigences de son client, que celui-ci voulût nager ou qu'il préférât se reposer dans la barque. Apparemment, le nakhoda, qui avait été maintenu dans l'ignorance de la dimension sportive de l'affaire, considérait Wax comme un malfaiteur désireux de quitter clandestinement le territoire iranien – si étrange que dût lui paraître sa volonté de le faire, au moins en partie, à la nage –, et il profita de cette circonstance pour nous monnayer ses services à un prix sensiblement plus élevé que celui dont nous étions convenus avec Salameh. L'idée me vint alors qu'après cela, il n'aurait rien de plus pressé que de livrer son client aux gardes-côtes, mais, d'un autre côté, Salameh s'était porté garant de sa loyauté, outre que nous avions prévu, comme une assurance supplémentaire, de ne lui régler au départ que la moitié de la somme, et le solde dès que nous aurions confirmation de l'arrivée de Wax sur le littoral omanais. Le jour s'est levé pour de bon, révélant le paysage désolé de l'île d'Hengam, nue et caillouteuse, son relief couronné par des antennes en forme de derricks, alors que nous contournions la pointe occidentale de celle-ci avant de nous rabattre vers la plage, non sans que le nakhoda nous ait imposé auparavant un large détour, sous prétexte de se rapprocher d'une bande de dauphins qui sautaient hors de l'eau – c'était apparemment ce qu'il avait l'habitude de faire lorsqu'il promenait des touristes –, suscitant des protestations plus ou moins véhémentes de tous ses passagers, à l'exception de Wax, curieusement, qui semblait peu pressé de se mettre à l'eau, et qui estimait d'autre part que cette apparition des dauphins était de bon augure (Wax voulut même toucher la nageoire dorsale de l'un d'entre eux, et il semble qu'il y parvint). Les choses ne se gâtèrent qu'au moment de notre débarquement sur la plage, lors duquel Wax mit le pied, une fois de plus, sur une boulette à demi ensablée d'hydrocarbure, après quoi il dut se nettoyer, longuement, avec une solution de trichlore que nous avions pris soin d'emporter. Puis il me demanda de vérifier le contenu du sac étanche qu'il prévoyait de conserver avec lui pendant toute la durée de la traversée, et dans lequel il avait placé une boussole, un bâtonnet fluorescent d'un modèle agréé par l'OTAN, un sifflet à roulette (probablement soustrait au kit antisismique trouvé dans sa chambre de la Résidence à Téhéran), une lampe de poche, une dizaine de barres vitaminées, un paquet de cigarettes et un briquet jetable, en plus de son passeport et de sa carte de crédit. Une réserve de vivres et d'eau potable avait d'autre part été disposée à son intention dans la barque. L'ambiance, que Navid s'efforçait d'alléger en bondissant de tous côtés, multipliant les clichés de ces préparatifs, l'ambiance devint inévitablement plus solennelle lorsque Wax, avant de s'immerger, s'enduisit le corps de crème solaire, puis me remit les vêtements qu'il portait depuis son lever, dans un geste que je ne pus m'empêcher d'associer à celui des centurions au pied de la Croix, même s'il était difficile, à ce moment-là, d'envisager Wax comme le sauveur de quoi que ce soit. Je pliai les vêtements et les rangeai avec soin dans un sac dont je m'étais muni à cet effet. Enfin Wax entra dans l'eau, m'ayant à ses côtés – et le tableau que nous formions m'évoqua de nouveau, malgré moi, une scène biblique, celle du baptême du Christ dans les eaux du Jourdain –, la barque se mit en mouvement, je fis quelques brasses avec lui jusqu'au point où le bleu de la mer, auparavant turquoise, devenait outremer, puis je revins vers la plage, où tous les trois – Amin, Navid, celui-ci photographiant la scène, et moi-même – nous échangeâmes de petits signes de la main avec Wax qui s'éloignait inexorablement vers le large, coiffé de ce chapeau de toile que j'avais accepté de lui prêter, finalement, si grand que fût le risque de ne jamais le revoir.

Vingt-quatre heures plus tard, alors que nous étions sans nouvelles du nakhoda – mais il se pouvait que celui-ci, ayant accompli sa mission, fût rentré chez lui sans prendre la peine de nous en rendre compte –, j'appelai Abou Sultan, qui normalement aurait dû se charger de la récupération de Wax à la limite des eaux territoriales omanaises. Or non seulement Abou Sultan ne l'avait pas récupéré, mais il n'avait pris aucune disposition dans ce sens, Wax ayant négligé de le prévenir, et lui ayant même laissé entendre, quelques jours auparavant, que l'opération pourrait être annulée ou reportée *sine die*. C'est après cet entretien téléphonique avec Abou Sultan que j'ai pris le parti d'appeler le consulat à Téhéran, et que l'éventualité d'alerter la marine iranienne a été pour la première fois envisagée. Avant d'en arriver là, toutefois, mon interlocuteur souhaitait vérifier qu'une telle démarche n'était pas incompatible avec les dispositions de l'embargo.

Au même moment, Wax, bien qu'il n'ait aucun moyen de le savoir, et nous encore moins, se trouve très précisément par 26° 25' de latitude nord et 56° 10' de longitude est. Profitant d'un calme plat dans le dispositif de séparation du trafic, et heureux d'avoir survécu à sa première nuit en mer, il vient en se contorsionnant, non sans mal, d'extraire de son sac étanche le briquet et le paquet de cigarettes, d'en allumer une et de la porter à ses lèvres, parvenant même à en tirer plusieurs bouffées avant qu'elle ne soit trempée par le clapot. Si la marée monte, comme il est possible et souhaitable qu'elle le fasse, peut-être les courants le pousseront-ils, mort ou vif, jusqu'à l'une ou l'autre des plates-formes du champ pétrolifère de Bukha.